El Corazón equivocado

libros en español para adultos descubrir y superar a Mi Persona Equivocada con el poder de los habitos y el poder de la disciplina.

Tabla de contenido

Capítulo 1: Reconociendo a Mi Persona Equivocada 10

Capítulo 2: El Dolor del Adiós. 31

Capítulo 3: Rescatando lo Rescatado. 64

Capítulo 4: Aprendiendo de los Errores. 83

Capítulo 5: Abriéndome a Nuevas Oportunidades 101

Capítulo 6: El Camino Hacia el Amor Propio y la Felicidad.. . 125

Querida Amanfi Taylor,

Quiero expresar mi más profundo agradecimiento por tu dedicación, orientación y apoyo durante nuestro tiempo juntas como mentora. Tu sabiduría y experiencia han sido una luz guía en mi camino profesional y personal.

Gracias por compartir tus conocimientos de manera generosa y por alentarme a superar desafíos. Tu compromiso y paciencia han hecho una diferencia significativa en mi desarrollo. Cada consejo que me has brindado ha sido invaluable, y estoy agradecida por la oportunidad de aprender de alguien tan inspirador como tú.

Tu liderazgo y ejemplo han dejado una impresión duradera en mí, y estoy emocionada de aplicar las lecciones que he aprendido contigo en mi trayectoria. Gracias por ser una mentora excepcional y por contribuir positivamente a mi crecimiento.

Con gratitud,
Rosa Castillo.

En el jardín de mis sueños, te encontré,

Una flor de promesas y anhelos que creí.

Con los ojos del corazón te miré,

Y en tus palabras de amor me perdí.

Pero el viento cambió, y la flor se marchitó,

Las promesas se desvanecieron en el aire.

Y en la oscuridad de la noche, comprendí,

Que el amor verdadero no estaba allí.

Aunque dolió despedirme de ti,

En la herida del adiós encontré fortaleza.

Porque en el eco del silencio, entendí,

Que el amor propio es mi mayor riqueza.

Así que levanto mis alas y vuelo alto,

Libre de las cadenas del amor equivocado.

Porque en el poder de mi propia luz,

Encuentro el valor para seguir adelante, sin dudar.

Ahora camino con paso firme y decidido,

Hacia un nuevo horizonte de posibilidades.

Porque aunque haya amado y perdido,

Sé que el amor verdadero aún me espera, en la eternidad de

las edades.

Te invito a cruzar un puente suspendido entre el ayer y el mañana, un sendero bordado con los hilos dorados de la esperanza y las sombras tenues del recuerdo. Este libro, querida amiga, es una carta escrita directamente a tu corazón, un susurro en la brisa que busca acariciar tu alma en momentos de silencio y reflexión.

"Había una vez una persona equivocada", así comienza nuestra historia, no con el final de un amor, sino con el inicio de un descubrimiento, el tuyo. Cada palabra que aquí yace es un eco de las voces de mujeres valientes, aquellas que, al igual que tú, soñaron con amores que prometían eternidades pero dejaron vacíos fugaces al partir. Mujeres que, en la despedida, encontraron no un punto final, sino una elipsis hacia nuevos comienzos.

Este libro es un faro para las almas náufragas en mares de desamor, un mapa estelar que guía hacia la reconquista de lo más sagrado: el amor propio. A través de sus páginas, navegaremos por las tormentas del adiós, rescatando del naufragio los tesoros ocultos de nuestra esencia, aprendiendo que cada error es un paso danzado en la coreografía de nuestra evolución.

Te invito, pues, a sumergirte en estas aguas, no como quien se pierde, sino como quien busca encontrarse. Entre líneas tejidas con la delicadeza de la experiencia y la fortaleza del renacer, descubriremos juntas que, aunque el amor pueda equivocarse de dirección, el corazón siempre encuentra el camino de regreso a casa.

Así, con la promesa de un nuevo amanecer en nuestras manos, comenzamos este viaje. Un viaje hacia ti, hacia mí, hacia todas nosotras. Porque al final del día, querida, la persona más acertada que puedes elegir, siempre serás tú.

En el núcleo de este travesia literario se encuentra un tema tan universal como íntimo: la odisea de reconocer y superar un amor equivocado. Este libro, tejido con las fibras de la vulnerabilidad y la valentía, se propone como un faro para aquellas almas que han amado con una intensidad desbordante, solo para descubrir que el objeto de su afecto no era el compañero de vida que el destino les tenía reservado.

La premisa que nos guía a través de estas páginas es una verdad tan antigua como el tiempo mismo, pero que cada corazón experimenta como una revelación única: la capacidad de transformar el dolor de una desilusión amorosa en un puente hacia el amor propio y una felicidad más auténtica y duradera.

A través de historias compartidas, reflexiones profundas y ejercicios de introspección, este libro no solo busca acompañarte en el proceso de sanar las heridas dejadas por un amor que no prosperó, sino también iluminar el camino hacia un amor más grande y gratificante, el amor hacia ti misma. En el reconocimiento de nuestra persona equivocada, no solo desentrañamos los hilos de lo que pensábamos que era el amor verdadero, sino que también abrimos nuestros corazones a la posibilidad de una felicidad que no depende de la validación externa, sino de la profunda conexión con nuestro ser interior.

Así, "Mi Persona Equivocada" se convierte en más que un título; es un punto de partida para un ssendero transformador, donde las pérdidas se convierten en lecciones, y las lecciones, a su vez, en oportunidades para crecer, amar y, finalmente, encontrar en nosotros mismos el amor que siempre hemos buscado. Este libro es una invitación a caminar ese camino, a veces espinoso pero siempre enriquecedor, hacia la autodescubrimiento, la autoaceptación y el empoderamiento personal. Porque al final de este viaje, lo que descubrimos no es solo cómo superar a nuestra persona equivocada, sino cómo convertirnos en la persona correcta para nosotros mismos.

que descubrirá en este libor:

Al abrir este libro, inicias un camino hacia el autoconocimiento y sanación emocional, pensado especialmente para ti. Este recorrido te guiará a través de la comprensión y superación de un amor que no fue lo que esperabas. Aquí encontrarás herramientas y reflexiones que te permitirán:

↳ Reconocer y aceptar: Identificarás las señales de que estabas en una relación que no te beneficiaba, aprendiendo a aceptar tus emociones y decisiones pasadas sin autocriticarte.

↳ Procesar el duelo: Descubrirás estrategias para manejar el dolor de la pérdida, permitiéndote vivir tus emociones de una manera que fomente tu sanación y crecimiento personal.

↳ Fortalecer el amor propio: Te ofreceré ejercicios y prácticas para reconstruir y fortalecer tu autoestima, enseñándote a valorarte y amarte con una profundidad que no dependa de la validación externa.

↳ Aprender de la experiencia: Te guiaré en el análisis de lo vivido para extraer lecciones valiosas de tus relaciones pasadas, lo que te ayudará a evitar patrones repetitivos y a tomar decisiones más saludables en el futuro.

↳ Abrirte a nuevas posibilidades: Te mostraré cómo mantener tu corazón abierto a nuevas experiencias amorosas, sin miedo al futuro, cultivando una actitud positiva hacia el amor y las relaciones.

Empoderarte para el cambio: Inspirarte a tomar las riendas de tu vida amorosa, reconociendo que tienes el poder y la capacidad de crear la felicidad que mereces.

Este libro se convierte en tu compañero en el descubrimiento de que, más allá de un amor que no cumplió con tus expectativas, existe un mundo lleno de posibilidades y un futuro amoroso esperándote. A través de cada capítulo, te sentirás más empoderada para enfrentar la vida con una perspectiva renovada, sabiendo que el final de una relación no es el final de tu capacidad para amar o ser amada de nuevo.

Capítulo 1: Reconociendo a Mi Persona Equivocada

REFLEJOS DE UN ADIÓS MALENTENDIDO.

En el sendero del amor, un día te encontré,

creyendo en promesas, en un sueño me envolví.

Tu reflejo en mis ojos, un futuro imaginé,

mas el tiempo reveló que no eras para mí.

Caminamos bajo estrellas, compartimos el sol,

en tus brazos, un instante, el mundo se detuvo.

Pero el eco de tu voz, en la distancia se perdió,

y mi corazón entendió, que a mi lado no crecías tú.

"Mi persona equivocada", susurra el viento al pasar,

no por falta de querer, sino por almas que no van.

Aprendí que el amor, en libertad debe estar,

y soltar es también una forma de amar.

En el espejo del adiós, mi reflejo volví a hallar,

descubriendo en mi dolor, la fuerza para sanar.

Gracias te doy, por enseñarme a navegar,

en mares de autoconocimiento, aprendí a remar.

Ahora sé que el amor verdadero ha de brillar,

no en la perfección, sino en la verdad de aceptar.

Que cada corazón tiene un ritmo singular,

y en la música del alma, se debe sincronizar.

Así, reconozco hoy a mi persona equivocada,

no como error, sino como guía en mi jornada.

Por cada lágrima derramada, una lección sembrada,

en el jardín de mi ser, una nueva flor brotada.

Adelante voy, con esperanza renovada,

sabiendo que el amor, en su tiempo, no se equivoca.

Por ahora, me abrazo en mi propia madrugada,

esperando el amanecer de un amor que en mí florezca y toca.

En este capítulo, te invito a emprender un paseo de profunda introspección y revelación: el proceso de reconocer a tu persona equivocada. En el laberinto de la vida, a menudo nos encontramos cruzando caminos con alguien que, a primera vista, parece ser el reflejo exacto de nuestros sueños y deseos más profundos. Nos sumergimos en la relación con la esperanza y el corazón lleno de promesas, creyendo fervientemente que hemos encontrado al amor verdadero, aquel que estaba destinado para nosotros.

Sin embargo, a medida que el tiempo avanza y la novedad de la relación se desvanece, comenzamos a ver con mayor claridad. Los velos de la ilusión se levantan, revelando no la figura del compañero perfecto, sino la realidad de una persona que, por más maravillosa que pueda ser, simplemente no se alinea con lo que nuestro corazón verdaderamente anhela o necesita. Esta revelación puede llegar como un susurro silencioso o como un estruendo ensordecedor, pero siempre conlleva una elección: enfrentar la verdad o seguir viviendo en la negación.

Reconocer a tu persona equivocada no significa desvalorizar los momentos compartidos ni negar el amor que una vez se sintió genuino y profundo. Más bien, es un acto de autoconocimiento y valentía, una declaración de que estás listo para liberarte de cadenas que te atan a una felicidad efímera y buscar una conexión más auténtica y alineada con tu ser verdadero.

Este reconocimiento es, en esencia, el despertar a la realidad de que el amor no debe exigirnos que renunciemos a nuestra esencia ni que silenciemos nuestras necesidades más profundas. Es comprender que el amor verdadero nos nutre, nos respeta y crece en la aceptación mutua de nuestras verdades más íntimas. Es darte cuenta de que, aunque el camino hacia este amor puede estar lleno de aprendizajes dolorosos, cada paso nos acerca más a conocer lo que verdaderamente merecemos.

La valentía de alejarte de lo que ya no te sirve te abre las puertas a un mundo de posibilidades. Es un acto de fe en ti mismo y en el futuro, una creencia inquebrantable en que hay algo o alguien allá afuera que resonará con tu alma de manera más profunda y verdadera. Es, sobre todo, un compromiso contigo mismo para no conformarte con menos de lo que tu corazón sabe que es posible.

A través de este proceso de reconocimiento y liberación, también aprendemos lecciones invaluables sobre nosotros mismos: nuestras fortalezas, nuestros miedos, nuestras verdaderas necesidades en una relación. Esta autoconsciencia es el regalo más grande de las relaciones pasadas, proporcionándonos el conocimiento y la claridad para tomar decisiones más conscientes y saludables en el futuro.

Por lo tanto, este capítulo no es solo una invitación a reconocer a tu persona equivocada, sino también un llamado a abrazar la transformación que este reconocimiento desencadena. Es un paso hacia la sanación, el autodescubrimiento y, en última instancia, hacia un amor más sano y verdadero. Un amor que no solo sueñas, sino que, con valentía y autoconocimiento, eliges conscientemente.

LAS SEÑALES QUE IGNORAMOS

En la vida y el amor, nos encontramos a menudo ante encrucijadas, decisiones que tomar y señales que interpretar. A veces, estas señales son claras advertencias de que algo no va bien, que el camino que hemos elegido no nos lleva hacia donde realmente queremos ir. Sin embargo, el miedo, ese temor profundo a la soledad o al cambio, puede hacer que ignoremos lo que, en el fondo, sabemos que es verdad. Nos preguntamos constantemente: ¿Había momentos en los que sentías que tus necesidades emocionales no eran una prioridad para tu pareja? ¿Te encontraste a ti misma justificando comportamientos que contradecían tus valores fundamentales, explicando lo inexcusable solo para mantener la paz o evitar enfrentar la realidad?

Estas situaciones, aunque dolorosas, son cruciales para nuestro crecimiento personal. Son señales de alerta, indicaciones de que algo necesita cambiar. Ignorarlas no solo nos hace daño a largo plazo, sino que también nos impide avanzar hacia relaciones más saludables y satisfactorias. La verdadera valentía radica en enfrentar estas verdades incómodas, en aceptar que el miedo a estar solas no debe ser más grande que nuestra voluntad de estar bien, de estar completas por nosotros mismas.

Reconocer estas señales y admitir que nuestras necesidades emocionales son válidas y merecen ser priorizadas es el primer paso crítico para romper los ciclos de insatisfacción y dolor. Es un despertar a la realidad de que merecemos relaciones que nos enriquezcan y nos apoyen, relaciones donde nuestros valores sean compartidos y respetados. Este reconocimiento nos equipa con la sabiduría y la fuerza para tomar decisiones que estén en mejor sintonía con lo que verdaderamente deseamos y necesitamos.

Además, este proceso de reconocimiento nos invita a reflexionar sobre nuestro propio papel en la perpetuación de estos patrones. ¿Hay aspectos de nosotros mismos que hemos ignorado o descuidado? ¿Hemos puesto las necesidades de los demás constantemente por encima de las nuestras por temor a ser juzgados, rechazados o abandonados? Es solo a través de esta profunda introspección que podemos comenzar a sanar, a construir un amor propio sólido que sirva como fundamento para futuras relaciones.

También nos enfrentamos al desafío de aprender a establecer y mantener límites saludables, una habilidad esencial para proteger nuestra integridad emocional y promover relaciones equitativas. Los límites no son barreras que nos aíslan, sino más bien afirmaciones claras de nuestro respeto propio y nuestras expectativas en una relación.

El camino hacia el amor propio y relaciones más saludables implica, inevitablemente, momentos de soledad y reflexión, pero también ofrece la promesa de un futuro donde estemos más alineados con nuestros deseos más profundos y verdaderos. Es un viaje que nos transforma, nos empodera y nos prepara para acoger el amor en su forma más pura y sincera.

Así, reconocer las señales de que algo no está bien no es un acto de renuncia, sino un paso valiente hacia la autorrealización y la felicidad genuina. Nos abre las puertas a un futuro donde no repetimos los patrones del pasado, sino que los superamos, armados con una mayor comprensión de nosotros mismos y de lo que verdaderamente merecemos. Este es el verdadero camino hacia la sanación y el autodescubrimiento, un viaje que, aunque marcado por la incertidumbre, promete un destino de amor, respeto y autenticidad.

LA DIFERENCIA ENTRE AMOR Y DEPENDENCIA

En el vasto espectro de las relaciones humanas, es crucial entender la línea que separa el amor verdadero de la dependencia emocional. Esta distinción no solo es fundamental para nuestro bienestar emocional, sino que también determina la calidad y la salud de nuestras relaciones. El amor verdadero, en su esencia más pura, actúa como un catalizador para el crecimiento personal y mutuo; es una fuerza que nutre, respeta y enriquece tu vida de manera integral. Se basa en el aprecio profundo, el respeto mutuo y un compromiso compartido hacia el bienestar del otro, sin perder de vista la individualidad de cada uno.

Por otro lado, la dependencia emocional se manifiesta como una necesidad constante de compañía, aprobación y validación por parte de otra persona, hasta el punto de comprometer nuestra propia felicidad y autonomía. Esta dependencia nos atrapa en un ciclo de necesidad y conformidad, donde nuestra autoestima y valor personal se vuelven intrínsecamente ligados a la presencia y la percepción de la pareja. Este tipo de relación puede sentirse, en momentos, como amor verdadero debido a la intensidad de la conexión y el miedo abrumador a la soledad que a menudo lo acompaña.

Es importante reflexionar sobre los momentos en los que te has sentido atrapada en una relación, identificando si estas situaciones surgieron más por la necesidad de compañía que por el amor genuino hacia la otra persona. Pregúntate: ¿Estaba yo buscando a alguien que completara aspectos de mi vida que yo mismo(a) puedo y debería nutrir? ¿Mis miedos a la soledad o al rechazo estaban dictando mis decisiones en la relación?

Reconocer estos patrones de dependencia emocional es el primer paso hacia la liberación de los mismos. Este reconocimiento conlleva el desafío de mirar hacia nuestro interior y confrontar nuestras inseguridades y vacíos emocionales. Requiere que nos enfrentemos a la tarea de construir una relación sólida y amorosa con nosotros mismos, donde el amor propio y la autoaceptación sean los pilares sobre los cuales edificamos nuestra felicidad y plenitud, independientemente de nuestra situación relacional.

El proceso de diferenciar entre el amor y la dependencia emocional también implica aprender a establecer y mantener límites saludables en nuestras relaciones. Estos límites nos permiten interactuar con los demás de manera que respete nuestra integridad y fomente relaciones equitativas y recíprocas. Aprender a decir "no", expresar nuestras necesidades y deseos de manera clara, y tomar decisiones que reflejen nuestro respeto propio, son habilidades esenciales en este proceso.

Además, es vital desarrollar una red de apoyo emocional fuera de la pareja, incluyendo amigos, familiares y actividades que nos llenen de satisfacción y propósito. Estas conexiones y pasatiempos actúan como una fuente de felicidad y realización que es independiente de nuestra vida amorosa, reforzando la idea de que somos seres completos por nuestra cuenta.

En última instancia, el camino hacia la diferenciación entre el amor y la dependencia emocional es un viaje de autodescubrimiento, sanación y crecimiento personal. Es un viaje que nos invita a explorar las profundidades de nuestro ser, a amarnos y respetarnos incondicionalmente, y a buscar relaciones que reflejen y celebren ese amor y respeto. Al comprometernos con este camino, no solo mejoramos nuestra calidad de vida y nuestras relaciones, sino que también abrimos las puertas a un amor más sano, verdadero y enriquecedor.

ACEPTANDO LA REALIDAD SIN AUTOCULPABILIDAD

Aceptar que reconocer a tu persona equivocada no es un veredicto sobre tu valor como individuo es esencial en el camino hacia la sanación y el amor propio. Este reconocimiento no es un reflejo de tu valía ni mide tu capacidad de amar y ser amada de manera genuina y profunda. En lugar de ello, debe verse como un momento crucial de aprendizaje, una oportunidad para dar un paso significativo hacia el amor propio y la autoaceptación.

En este proceso introspectivo, es de suma importancia practicar la amabilidad y compasión contigo misma. Entender que el error no radica en la capacidad de amar, sino más bien en haber depositado ese amor en alguien que no estaba preparado o dispuesto a valorar lo que tenías para ofrecer, es fundamental. Amar a alguien que no puede apreciar tu esencia no disminuye tu valor; por el contrario, destaca tu capacidad para dar y recibir amor, una cualidad invaluable que debe ser celebrada y preservada.

Es momento de reflexionar sobre la naturaleza de ese amor y preguntarte si en ese proceso, de alguna manera, descuidaste el amor hacia ti misma. A menudo, en el esfuerzo de amar a otro, podemos olvidarnos de la importancia de nutrir nuestro bienestar emocional, de escuchar nuestras propias necesidades y de asegurarnos de que estas sean satisfechas. Este despertar a la realidad de que merecemos un amor que nos complemente, que nos respete y nos valore en igual medida, es el primer paso hacia la reconstrucción de nuestro amor propio.

Además, este momento de aprendizaje abre las puertas a una introspección más profunda sobre qué es lo que verdaderamente valoramos y buscamos en una relación. Nos invita a reevaluar nuestros límites, expectativas y lo que estamos dispuestos a aceptar en nombre del amor. Al hacerlo, no solo nos preparamos para futuras relaciones más saludables y equitativas, sino que también reafirmamos nuestro compromiso con nosotros mismos de nunca comprometer nuestro valor por el afecto de otro.

Ser amable contigo misma también significa permitirte sentir el dolor, la tristeza y la decepción que vienen con el reconocimiento de una persona equivocada. Estas emociones, aunque difíciles, son parte del proceso de sanación y crecimiento. Permitirte vivir estas emociones sin juicio y con compasión es un acto de amor propio, una afirmación de que estás comprometida con tu sanación y tu felicidad.

El proceso de superar a tu persona equivocada y reencontrarte contigo misma puede ser desafiante, pero también está lleno de oportunidades para crecer, aprender y, finalmente, encontrar un amor más sano y verdadero. Recuerda que cada experiencia, incluso las que terminan en dolor, tiene el potencial de enseñarnos algo valioso sobre nosotros mismos y sobre lo que realmente merecemos.

El amor propio y la autoaceptación que cultivamos a través de estas experiencias nos preparan para recibir un tipo de amor que no solo nos llena, sino que también nos eleva. Un amor que reconoce y celebra nuestra valía, que nos inspira a ser la mejor versión de nosotros mismos y que, lo más importante, nos recuerda que somos dignos de ser amados justamente por quienes somos.

EL VALOR DE ESCUCHARTE A TI MISMA

La voz interior que susurra, a veces con la suavidad de una brisa y otras con la fuerza de una tormenta, merece más que solo un momento fugaz de tu atención. Es esa voz, tu intuición, la que posee una sabiduría profunda sobre quién eres y lo que realmente necesitas para tu bienestar y felicidad. Aprender a escucharla, a darle espacio y credibilidad, es un arte fundamental en el proceso de autoconocimiento y crecimiento personal. Esta habilidad de sintonizar con tu intuición es una herramienta poderosa en el reconocimiento de situaciones, personas o caminos que no se alinean con tu auténtico ser.

Reflexionar sobre los momentos en los que esa voz interior intentó guiarte puede ser revelador. Piensa en las veces que sentiste una sensación inexplicable de duda o incomodidad, esos instantes en los que algo en tu interior te decía que algo no estaba bien, pero quizás optaste por ignorarlo, racionalizarlo o minimizarlo. Estos son los momentos que ahora, con la perspectiva del tiempo, puedes reconocer como cruciales, donde tu intuición estaba tratando de protegerte, de guiarte hacia un camino más verdadero y saludable.

Mirando hacia el futuro, el desafío y también la oportunidad, radica en aprender a darle a esa voz interior el espacio y la credibilidad que merece. Esto implica cultivar un silencio consciente en tu vida cotidiana para poder escucharla, practicar la meditación o la escritura reflexiva para profundizar en tu diálogo interno y, lo más importante, tomar decisiones que reflejen esa guía interna. Significa también enfrentar el miedo que a menudo acompaña el acto de seguir nuestra intuición, el miedo a lo desconocido, al cambio, o incluso al juicio de los demás.

Dar credibilidad a tu voz interior también implica reconocer que tu intuición es una manifestación de tu sabiduría más profunda. Es darte permiso para confiar en ti mismo, en tus percepciones y en tus sentimientos. Se trata de validar tu propia experiencia y entender que, aunque no siempre puedas explicar lógicamente por qué sientes lo que sientes, eso no disminuye la validez de esas sensaciones.

Este proceso de dar espacio y credibilidad a tu voz interior no es solo sobre evitar las personas o situaciones equivocadas; es también sobre abrirte a las correctas. Es sobre reconocer y aprovechar las oportunidades que resuenan con tu ser más auténtico, aquellas que te llenan de emoción y propósito. Tu intuición puede guiarte hacia pasiones olvidadas, hacia nuevas aventuras y, sí, hacia el amor verdadero y las relaciones enriquecedoras.

En última instancia, escuchar y honrar tu voz interior es un acto de amor propio. Es afirmar que te valoras lo suficiente para prestar atención a tus necesidades, deseos y límites. Es un compromiso contigo mismo para vivir una vida que sea fiel a quien realmente eres.

Así, a medida que avanzas en tu viaje, recuerda que esa voz interior es tu guía más fiel. Aprendiendo a escucharla y confiar en ella, te abres a un mundo de posibilidades infinitas, a relaciones más auténticas y satisfactorias, y a un camino de vida que está en armonía con tu verdad más profunda. Este es el camino hacia una existencia plena, hacia el reconocimiento de lo que verdaderamente importa y hacia la construcción de un futuro donde tu bienestar y felicidad sean la prioridad.

EJERCICIOS DE REFLEXIÓN

Lista de Señales: Escribe una lista de señales que, retrospectivamente, indicaban que estabas con tu persona equivocada. Esto te ayudará a ser más consciente de estas señales en el futuro.

Carta a Mi Misma: Escribe una carta a ti misma en el momento en que conociste a tu persona equivocada. ¿Qué consejos te darías? ¿Qué deseas que hubieras sabido?

Diferenciando Amor de Dependencia: Reflexiona sobre los momentos en que confundiste amor con dependencia. ¿Cómo puedes fortalecer tu independencia emocional?

Este capítulo es un espacio seguro para enfrentar esas verdades incómodas pero liberadoras. Al reconocer a tu persona equivocada, no solo te liberas de cadenas invisibles, sino que también abres tu corazón a la posibilidad de un amor que sí sea adecuado para ti, un amor que te vea, te valore y te celebre tal como eres.

Exploración de señales y emociones que indican que estamos frente a un amor no correspondido o perjudicial:

Explorar las señales y emociones que nos indican que estamos frente a un amor no correspondido o perjudicial es crucial para nuestro bienestar emocional y nuestra salud mental. A veces, el deseo de estar acompañadas y el miedo a la soledad pueden nublar nuestro juicio, llevándonos a aceptar menos de lo que merecemos. Aquí te comparto algunas señales y emociones clave que pueden ayudarte a identificar cuando te encuentras en una situación de amor no saludable:

SEÑALES DE ALERTA

Falta de reciprocidad: Cuando tus esfuerzos, amor y atención no son correspondidos de manera equitativa, es posible que estés en una dinámica desbalanceada. Pregúntate si sientes que estás dando mucho más de lo que recibes.

> ↳ Si frecuentemente te sientes menospreciada o tus sentimientos y necesidades son ignorados o minimizados, es una señal clara de que el respeto y el amor propio están siendo comprometidos.

> ↳ Un amor perjudicial a menudo conlleva el aislamiento de tu círculo social y familiar, ya sea por críticas constantes hacia las personas que te rodean o por demandas de tiempo que te alejan de tus seres queridos.

Control y celos: La necesidad de controlar con quién estás, qué haces y hasta cómo te vistes, acompañada de celos injustificados, son señales de una relación tóxica.

Sentimientos constantes de ansiedad: Si te encuentras constantemente preocupada por la relación, intentando descifrar mensajes o acciones para entender dónde estás parada, es una señal de que el amor no está sirviendo a tu paz interior.

EMOCIONES QUE NOS HABLAN

Navegar por el complejo mundo de las relaciones puede, a veces, sentirse como caminar a través de un laberinto sin un mapa claro. Entre los giros y vueltas, es posible encontrarse con señales de advertencia que sugieren que algo fundamentalmente no está bien. Estas señales, aunque pueden ser fáciles de ignorar en el calor del momento o bajo el peso de la costumbre, son indicativos cruciales de la salud emocional de tu relación. A continuación, profundizamos en estas señales y exploramos por qué merecen tu atención y reflexión.

↳ Tristeza Recurrente

Sentir tristeza más a menudo de lo que experimentas alegría al pensar en tu relación es una señal emocional alarmante. La relación que una vez fue fuente de felicidad y apoyo, ahora parece ser la causa de un pesar constante. Esta tristeza recurrente puede ser un indicativo de desequilibrios fundamentales en la relación, donde las necesidades emocionales no están siendo satisfechas, dejando un vacío que la alegría no logra llenar.

Baja Autoestima

Una relación debería ser un refugio seguro que fomente tu crecimiento y te haga sentir amado por quien eres. Sin embargo, si te encuentras cuestionando constantemente tu valía, sintiéndote menos capaz o merecedora de amor, es una clara señal de que la dinámica de la relación está impactando negativamente tu autoestima. Esta erosión de la autoimagen puede tener consecuencias duraderas, extendiéndose más allá de la relación y afectando otras áreas de tu vida.

↳ Miedo a Expresarte

La comunicación abierta y honesta es el pilar de cualquier relación saludable. Sentir miedo o ansiedad al momento de expresar tus necesidades, opiniones o deseos, por temor a la reacción de tu pareja, es una bandera roja. Este miedo a la expresión puede indicar un ambiente de control o juicio, donde no te sientes libre ni segura para ser auténticamente tú.

↳ Soledad Acompañada

Paradójicamente, sentirte más sola estando en una relación que cuando estás físicamente sola es una señal de desconexión emocional profunda. Esta soledad acompañada sugiere que, aunque puedas estar compartiendo un espacio con tu pareja, existe un abismo emocional entre ambos que la presencia física no puede llenar.

↳ Frustración y Resentimiento

La acumulación de frustración y resentimiento hacia tu pareja, ya sea por no cumplir con tus expectativas emocionales o por repetidos comportamientos dañinos, puede corroer los cimientos mismos del amor propio y la salud de la relación. Estos sentimientos no solo son destructivos para la conexión entre ambos, sino que también pueden tener un impacto negativo en tu bienestar emocional y físico.

↳ Reconocer estas señales y emociones es el primer paso

crítico hacia la toma de conciencia de tu situación actual. Este reconocimiento no debe ser visto como un motivo de autocastigo, sino como un despertar, un llamado a la acción para priorizar tu bienestar. Es un momento para reflexionar sobre lo que realmente deseas y mereces en una relación, para reevaluar tus límites y para tomar decisiones informadas que promuevan tu crecimiento, felicidad y salud emocional.

Tienes no solo el derecho sino también la capacidad intrínseca de buscar y cultivar un amor que te haga sentir valorada, respetada y, sobre todo, feliz. Este viaje hacia el autorespeto y la satisfacción personal puede ser desafiante, pero también increíblemente enriquecedor. Al final del día, el amor más importante y duradero es el amor que te tienes a ti misma. Desde este lugar de fuerza y autoaceptación, estás mejor equipada para construir relaciones que reflejen y amplifiquen tu luz interior.

NUESTROS ECOS SON HISTORIAS:

Déjame contarte algunas historias que podrían sonarte familiares, como si fueran ecos de tus propios recuerdos. Estas narraciones son reflejos de experiencias compartidas, momentos que quizás tú también hayas vivido. Al leerlas, te encontrarás en las palabras y emociones de otras, descubriendo que tus vivencias, tus dudas y tus sueños no están solos. Estas historias son un recordatorio de que, aunque nuestros caminos sean únicos, los sentimientos que nos unen son universales.

Imagina por un momento que estás en un café, frente a la persona que creías era el amor de tu vida. La luz tenue se esparce sobre la mesa, creando un ambiente íntimo, perfecto para conversaciones profundas. Pero en lugar de sentirte conectada y comprendida, sientes un vacío. Cada palabra que él dice parece distante, y aunque físicamente está frente a ti, emocionalmente parece estar a kilómetros de distancia. Te preguntas: "¿Cómo hemos llegado a esto? ¿Dónde se perdió la conexión que pensé que teníamos?"

Recuerdas las primeras citas, llenas de risas y promesas no dichas, y no puedes evitar comparar esos momentos con la realidad actual. Te das cuenta de que, en el afán de no estar sola, ignoraste señales claras de que esta relación no era lo que realmente necesitabas. Recuerdas las veces que minimizaste tus propios sentimientos para evitar conflictos, o cómo dejaste de lado tus pasiones para adaptarte a sus intereses, creyendo que eso era compromiso.

Ahora, sentada frente a él, comprendes que el amor no debería costarte tu alegría, tu identidad o tu paz mental. La tristeza en tus ojos es un reflejo de la desconexión no solo entre ambos, sino de ti contigo misma. En ese momento, surge una verdad incómoda pero liberadora: él es tu persona equivocada.

MORALEJA:

El amor verdadero no debería hacerte sentir perdida en tu propia relación. No se trata de cuánto estás dispuesta a cambiar por alguien, sino de encontrar a alguien que te ame tal como eres, apreciando tus virtudes y aceptando tus defectos.

CONSEJOS:

↳ Escucha tu intuición: Si algo no se siente bien, probablemente no lo esté. Tu intuición es una poderosa guía que te alerta cuando las cosas no van por buen camino.

↳ Mantén tu individualidad: No pierdas de vista quién eres o dejes de lado tus pasiones por complacer a alguien más. Una relación saludable te permite crecer sin sacrificar tu esencia.

↳ Comunicación abierta y honesta: Habla sobre tus sentimientos, necesidades y expectativas. Una comunicación efectiva es clave para una relación sólida y duradera.

↳ No ignores las señales rojas: Los comportamientos que te hacen sentir menos, desvalorizada o insegura son señales claras de que algo no está bien. Reconocerlas a tiempo puede ahorrarte mucho dolor.

↳ Ámate a ti misma: El amor propio es el cimiento sobre el cual se construyen relaciones sanas y felices. Trabaja en quererte y respetarte cada día más.

Esta historia no es solo un reflejo de lo que has vivido, sino también un recordatorio de que mereces un amor que te haga sentir completa, valorada y feliz. Recuerda, siempre es mejor estar sola que mal acompañada, porque en la soledad puedes encontrar la fortaleza y claridad para abrir tu corazón al amor verdadero cuando este llegue.

Capítulo 2: El Dolor del Adiós.

LAS SOMBRAS DEL ADIÓS

En la penumbra del adiós, sombras danzan en silencio,

un corazón desgarrado, bajo el peso del lamento.

Las palabras no dichas, los sueños desvanecidos,

en el rincón de mi alma, un eco dolorido.

La despedida llegó, cual tormenta en la noche,

dejando atrás solo ruinas, de lo que fue nuestro derroche.

Cada recuerdo, una espina, cada momento, un suspiro,

en el jardín del olvido, solo queda el frío.

El dolor del adiós, un maestro cruel y sabio,

enseñándome a soltar, a caminar en el vacío.

Aprendiendo a vivir, en un mundo sin tu abrazo,

mi corazón, aunque herido, encuentra paso a paso.

Aunque la tristeza inunde, cada rincón de mi ser,

y la soledad se siente, como un eterno atardecer.

Sé que este dolor profundo, es parte del camino,

hacia un nuevo horizonte, donde brille mi destino.

Así, entre las sombras del adiós, una luz se asoma,

promesa de un mañana, donde el amor renueva y toma.

Porque aunque el adiós duela, en su esencia lleva vida,

y en el dolor de esta despedida, se esconde una salida.

El adiós no es el final, sino el inicio de una historia,

donde aprendo a ser fuerte, donde encuentro mi gloria.

Así, con cada lágrima que cae, mi alma se purifica,

preparándome para el amor, en su forma más rica.

Las sombras del adiós, aunque oscuras, son pasajeras,

dejando tras de sí, lecciones verdaderas.

En el adiós, un renacer, en la pérdida, una ganancia,

un corazón que, a través del dolor, redescubre la esperanza.

Despedirse de alguien a quien una vez entregaste tu corazón, tu tiempo y tus sueños es, sin duda, una de las pruebas más duras y dolorosas que puedes enfrentar en la vida. Es un momento cargado de emociones, donde el dolor, la nostalgia y, a veces, el arrepentimiento se entrelazan en un torbellino que amenaza con arrastrarte hacia el abismo. Pero aquí estás, en medio de ese adiós, sintiendo cómo cada palabra de despedida pesa toneladas en tu pecho, cómo cada recuerdo compartido se convierte en un eco doloroso de lo que fue y ya no será.

Enfrentar la realidad de dejar ir a alguien que fue un pilar en tu vida, una fuente de alegría y, en muchos casos, de aprendizaje, es un acto de valentía inmensurable. Es reconocer que, a pesar del amor y la historia compartida, el camino juntos ha llegado a su fin. Es aceptar que el amor, en todas sus formas, a veces requiere la fuerza para soltar, para liberar al otro y a ti mismo de la promesa de un futuro que ya no es posible.

Te invito a mirar este momento no simplemente como un final, sino como un paso crucial y transformador en tu camino hacia el amor propio y una felicidad más genuina. Este adiós, aunque marcado por el dolor, también representa un acto de liberación. Es la oportunidad de cerrar un capítulo que, aunque hermoso en muchos sentidos, ya no contribuye a tu crecimiento ni a tu bienestar.

Mirar hacia adelante desde este punto de despedida implica abrirse a la posibilidad de redescubrir quién eres fuera de la relación. Significa darte permiso para explorar nuevos horizontes, reavivar pasiones olvidadas y reconectar con tu esencia y tus sueños. Es un momento para reafirmar tu valía, para recordarte a ti mismo que tu capacidad de amar y ser amado no se define por una sola relación, sino por la riqueza de tu ser.

En este proceso de sanación y autodescubrimiento, es fundamental ser amable contigo mismo. Permítete sentir el duelo, reconoce tus emociones sin juicio y date el tiempo necesario para curar. Rodearte de personas que te apoyen, buscar actividades que nutran tu alma y, sobre todo, practicar el autocuidado son pasos esenciales hacia la recuperación.

Además, este momento de transición es una invitación a reflexionar sobre las lecciones aprendidas, sobre cómo cada experiencia ha contribuido a moldear tu carácter y tu visión de la vida. Es un tiempo para agradecer, incluso en medio del dolor, por los momentos compartidos y por la oportunidad de crecer a través de la adversidad.

Despedirse de alguien importante es, sin duda, un desafío monumental, pero también puede ser el umbral hacia una versión más fuerte y auténtica de ti mismo. Es el comienzo de un nuevo capítulo en tu vida, uno donde el amor propio y la búsqueda de una felicidad genuina y duradera ocupan el centro del escenario.

Así que, mientras te encuentras en medio de ese adiós, recuerda que no estás solo en este viaje. Cada paso que das hacia la sanación y el amor propio te acerca más a la felicidad que mereces y a la posibilidad de amores futuros que celebren y honren tu verdadero yo. Este no es el fin de tu historia; es, más bien, el comienzo de un nuevo y emocionante viaje hacia el descubrimiento de un amor más profundo, empezando por el amor que te tienes a ti mismo.

ACEPTAR EL DOLOR COMO PARTE DE LA SANACIÓN

El primer paso para embarcarse en el viaje hacia la sanación y la recuperación emocional es, sin duda, permitirte sentir el dolor en toda su intensidad. A menudo, en un intento de protegernos del sufrimiento, podemos caer en la trampa de ignorarlo, de suprimirlo o incluso de disfrazarlo con una falsa fortaleza. Sin embargo, esta negación solo sirve para que el dolor se enraíce más profundamente en nuestro ser, convirtiéndose en una sombra silenciosa que oscurece cada rincón de nuestra existencia.

Reconocer tu dolor es reconocer tu humanidad. Es aceptar que el sufrimiento forma parte integral de la experiencia humana, y que enfrentarlo es el primer paso hacia la verdadera curación. Llorar, entonces, se convierte en un acto de valentía, una expresión pura y sincera de tu vulnerabilidad. Cada lágrima derramada lleva consigo un peso de tristeza, pero también es un testimonio de tu voluntad de avanzar, de liberarte de las cadenas del dolor para abrazar la posibilidad de una nueva felicidad.

Entender que el dolor no es un enemigo a vencer, sino más bien un maestro del cual aprender, puede transformar profundamente tu proceso de curación. El dolor te enseña sobre tus límites, sobre tu fortaleza y sobre tu capacidad de resiliencia. A través del dolor, aprendemos a reconstruirnos, a encontrar nuevas formas de ser y de relacionarnos con el mundo.

Es crucial, en este proceso, crear un espacio seguro para ti mismo donde puedas explorar tus emociones sin juicio ni restricciones. Busca entornos y personas que te ofrezcan apoyo y comprensión, aquellos que te permitan ser auténticamente tú en tu momento de vulnerabilidad. Rodearte de amor y compasión facilita el camino hacia la sanación, recordándote que no estás solo en este viaje.

Además, la escritura, el arte, la música y otras formas de expresión creativa pueden ser poderosos aliados en tu proceso de curación. Estas herramientas te permiten canalizar tu dolor, transformándolo en algo tangible que puedes observar, comprender y, eventualmente, dejar ir. La creatividad abre un diálogo entre tu ser interior y el mundo exterior, ayudándote a procesar y a dar sentido a tus experiencias.

Asimismo, es esencial practicar la autocompasión y el autocuidado. Trátate con la misma amabilidad, paciencia y cuidado que ofrecerías a un ser querido en su momento de dolor. Reconoce que el proceso de curación es único para cada persona y que no existe un plazo fijo para sanar. Permítete avanzar a tu propio ritmo, celebrando cada pequeño paso de progreso.

Finalmente, recuerda que aunque el dolor forma parte de la vida, también lo es la capacidad de superarlo. Cada experiencia dolorosa lleva consigo la semilla de un nuevo comienzo, de un renacimiento personal lleno de esperanza y fortaleza renovada. Permitirte sentir el dolor es abrirte a la transformación, a la posibilidad de descubrir una versión más resiliente y compasiva de ti mismo.

El primer paso hacia la sanación no es alejarse del dolor, sino acercarse a él con valentía, permitiéndote sentirlo plenamente. Este acto de vulnerabilidad y reconocimiento es el inicio de un camino lleno de aprendizaje y crecimiento personal. Cada lágrima, cada momento de tristeza, se convierte en un paso hacia adelante en tu proceso de curación, guiándote hacia una vida donde el amor propio y la felicidad genuina puedan florecer una vez más.

LA IMPORTANCIA DE SOLTAR

Soltar a alguien que ha dejado una huella profunda en tu corazón es un acto que va más allá de la simple aceptación; es un proceso profundo y a menudo complejo que implica mucho más que el acto de dejar ir físicamente. No significa olvidar lo vivido o borrar de tu mente y de tu corazón los recuerdos compartidos. Esos momentos, tanto los alegres como los dolorosos, forman parte de tu historia, de quien eres hoy. Significa, más bien, liberarte de la carga emocional que esos recuerdos pueden representar, permitiéndote mirar hacia adelante con esperanza y apertura, en lugar de permanecer anclado en un pasado que ya no retorna.

Imagina por un momento que cada recuerdo, cada palabra, cada risa y cada lágrima compartida es una hoja que flota río abajo. Observa cómo se alejan suavemente de ti, arrastradas por la corriente, llevándose un poco de tu dolor, de tu añoranza y de tu tristeza con cada movimiento del agua. Esta imagen es poderosa, pues simboliza el proceso de soltar, de permitir que la naturaleza siga su curso, de entender que hay cosas en la vida que simplemente debemos dejar fluir.

Este proceso de soltar no es un camino que se recorre de la noche a la mañana. Es una práctica diaria de conciencia y aceptación, un ejercicio de introspección donde reconoces y honras tus sentimientos, pero también decides no dejar que te definan o limiten. Es aprender a agradecer por los momentos vividos y las lecciones aprendidas, sin permitir que el peso del pasado obstaculice tu capacidad de experimentar alegría, amor y conexión en el presente y el futuro.

Además, soltar implica reconocer que el amor y el afecto que sentiste por esa persona fueron reales y valiosos, pero que la capacidad de amar no se agota en una sola relación. Es entender que el amor propio es el primer paso hacia la sanación, y que al cuidarte y respetarte, abres espacio en tu vida para relaciones más saludables y gratificantes.

Es también importante rodearte de personas que te apoyen, que comprendan tu dolor y te ofrezcan un espacio seguro para expresar tus emociones sin juicio. Busca actividades que nutran tu espíritu y te llenen de energía y esperanza. Ya sea a través del arte, la naturaleza, el ejercicio o la meditación, encuentra maneras de reconectar contigo mismo y con las simples alegrías de la vida.

Soltar a alguien no es un acto de debilidad, sino de inmensa fuerza y coraje. Es un testimonio de tu capacidad para enfrentar el dolor, aprender de él y, a pesar de todo, seguir adelante con la cabeza en alto. Con cada recuerdo que dejas fluir río abajo, te acercas un poco más a la paz interior, a una existencia donde el amor propio y la felicidad genuina no son solo posibles, sino que son una realidad palpable.

Soltar es, en última instancia, un acto de profunda compasión hacia ti mismo. Es darte permiso para cerrar un capítulo, mantener vivo el aprendizaje y abrir tu corazón a nuevos comienzos. A medida que avanzas en este camino, encontrarás que la libertad y la ligereza de ser que acompaña al acto de soltar son regalos preciosos, tesoros que te permiten vivir con mayor plenitud y armonía.

REDEFINIR LA SOLEDAD

La soledad que envuelve el alma tras el eco de un adiós no es solo una prueba de resistencia emocional, sino también una invitación a embarcarse en un viaje de autoexploración y renacimiento personal. Aunque en principio esta soledad pueda parecer una vasta y desolada expanse, cargada de melancolía y recuerdos, también puede transformarse en un espacio sagrado y curativo para el reencuentro contigo misma. Es en el abrazo silencioso de este espacio donde se encuentran ocultas las semillas del crecimiento y la autoafirmación, esperando ser descubiertas y nutridas.

Este período de introspección y silencio no es un vacío que deba ser temido o evitado, sino más bien un lienzo en blanco, una oportunidad única para redescubrir quién eres en tu esencia más pura, despojada de las influencias y expectativas de una relación pasada. Aquí, en la quietud de tu soledad, encontrarás la fuerza y la claridad necesarias para mirar hacia dentro y preguntarte sinceramente qué deseas de la vida, quién deseas ser, y cómo puedes construir una existencia que refleje tus verdaderos valores y aspiraciones.

Es también un tiempo precioso para cultivar tu amor propio, para aprender a valorarte y tratarte con la misma compasión, paciencia y cuidado que ofrecerías a un ser querido. Reconocer tu valía y aprender a amarte incondicionalmente es el fundamento sobre el cual puedes construir relaciones futuras más saludables y satisfactorias, relaciones que te honren y celebren por quien realmente eres.

Explorar nuevas pasiones y redescubrir intereses que quizás hayas dejado de lado es otra bendición que surge de este período de soledad. Ya sea retomando viejos hobbies o aventurándote en nuevas experiencias, cada actividad que elijas es una puerta hacia el autodescubrimiento y la alegría. Estas experiencias enriquecen tu vida, te brindan un sentido de propósito y satisfacción, y te recuerdan que hay un mundo lleno de belleza y posibilidad esperando ser explorado.

Reconectar con amigos y familiares también juega un papel crucial en este proceso de sanación. Estas conexiones, a menudo descuidadas durante las relaciones absorbentes, son fuentes de apoyo, amor y alegría. Los seres queridos te ofrecen perspectivas diferentes, te recuerdan tu valor y te ayudan a recordar que no estás sola en tu viaje. El amor y el cuidado que emana de estas relaciones fortalecen tu red de apoyo, proporcionándote un refugio seguro mientras navegas por las aguas a veces turbulentas del cambio y la transformación personal.

Así, aunque la soledad que sigue al adiós pueda parecer inicialmente abrumadora, es en realidad un regalo disfrazado, una oportunidad dorada para el crecimiento personal y el autodescubrimiento. Este tiempo puede ser un faro de esperanza y un recordatorio de que, incluso en los momentos más oscuros, hay una luz de fortaleza y renovación dentro de ti, esperando brillar. Al abrazar esta soledad y todo lo que ofrece, te abres a la posibilidad de construir una vida más rica, más plena y más alineada con tu verdadero yo.

APRENDIENDO A PERDONAR

Perdonar, ese acto profundamente personal y a menudo malinterpretado, juega un papel crucial en el camino hacia la sanación y la recuperación emocional. No se trata solo de ofrecer clemencia a aquel que nos ha herido, sino también, y quizás más importante, de otorgarnos a nosotros mismos un acto de compasión y liberación. Perdonar no implica de ninguna manera justificar las acciones incorrectas, ignorar el dolor que se nos ha infligido o restarle importancia al impacto que estos actos han tenido en nuestras vidas. Más bien, perdonar significa tomar la decisión consciente de soltar el pesado lastre del resentimiento, esa cadena invisible que nos ata al pasado y oscurece nuestro presente.

Este acto de liberación es, en esencia, un regalo que te haces a ti misma. Liberarte del resentimiento te permite recuperar tu energía vital, esa fuerza interior que puede haber sido drenada por la amargura y el enojo. Al perdonar, rediriges esa energía hacia la construcción de un futuro más prometedor, hacia la creación de una vida que refleje tus verdaderas aspiraciones y deseos. Es dar un paso adelante, decidida a no permitir que las heridas del pasado dicten el curso de tu vida futura.

Además, el perdón te ofrece la oportunidad de ver tu situación desde una perspectiva más elevada y compasiva. Te invita a entender la complejidad de las relaciones humanas, reconociendo que todos, en algún momento, hemos sido autores de errores y sujetos de aprendizaje. Este entendimiento no minimiza el dolor experimentado, pero sí ofrece un camino hacia la empatía y, eventualmente, hacia la paz interior.

Perdonar a los demás es un desafío, pero perdonarte a ti misma puede ser aún más difícil. Puede que te encuentres reviviendo momentos en los que crees que pudiste haber actuado de manera diferente, decisiones que, en retrospectiva, deseas no haber tomado. Sin embargo, es esencial recordar que en cada paso de tu viaje, hiciste lo mejor que pudiste con la conciencia y los recursos que tenías en ese momento. Autoperdonarte es reconocer tu humanidad, aceptar tus errores como oportunidades de crecimiento, y comprometerte a aprender de ellos en lugar de permitir que te definan.

El perdón, tanto hacia los demás como hacia ti misma, abre las puertas a una nueva libertad emocional. Es una declaración poderosa de tu voluntad de avanzar, de liberarte de las ataduras del pasado y de abrirte a un futuro donde la alegría, el amor y la paz tienen un lugar preponderante. Este acto de liberación es un componente esencial en el proceso de curación, marcando el inicio de un capítulo donde tu bienestar y felicidad son la prioridad.

Al abrazar el perdón, te embarcas en un viaje de renovación y esperanza. Te otorgas la posibilidad de reconstruir tu vida sobre cimientos de comprensión, compasión y amor propio. Este camino no siempre es fácil, pero está lleno de lecciones valiosas y transformaciones significativas. Al final, descubrirás que el acto de perdonar es uno de los pasos más poderosos que puedes tomar hacia la creación de un futuro lleno de posibilidades ilimitadas, un futuro donde tú tienes el control de tu propia narrativa y felicidad.

EJERCICIOS PARA EL ALMA

Escribe una carta de despedida: No para enviarla, sino como un medio para expresar todo lo que sientes. Escribe lo que le agradeces, lo que aprendiste y cómo deseas liberarte de cualquier dolor restante.

- ↳ Crea tu ritual de despedida: Puede ser algo tan simple como una caminata en solitario por tu lugar favorito, donde simbólicamente dejas ir el pasado, o algo más elaborado, como una ceremonia personal de liberación.

- ↳ Practica la gratitud diaria: Cada día, escribe tres cosas por las que estás agradecida. Esto te ayudará a centrarte en lo positivo y a recordar que, incluso en los momentos más oscuros, hay luces de esperanza.

El dolor del adiós es, sin duda, uno de los retos más grandes que enfrentarás, pero también es una oportunidad para crecer, aprender y abrirte a un nuevo capítulo en tu vida. Recuerda, este adiós no es el fin de tu historia de amor; es solo el comienzo de una hermosa relación contigo misma. En este proceso, descubrirás que el amor más poderoso y transformador es, y siempre será, el amor propio.

El proceso emocional tras el adiós, reconociendo el dolor como parte del camino hacia la sanación:

Decir adiós a alguien con quien compartiste parte de tu vida es una experiencia que nos confronta con el vasto espectro del dolor emocional. Este adiós, aunque a menudo necesario, desencadena un torbellino de emociones que pueden sentirse abrumadoras y, a veces, insuperables. Sin embargo, es precisamente a través de este dolor donde reside la posibilidad de una profunda sanación y crecimiento personal.

EL IMPACTO INMEDIATO: EL SHOCK Y LA NEGACIÓN

El proceso emocional que se desencadena tras el adiós es una travesía compleja y multifacética, iniciando a menudo con una etapa de shock y negación que nos sumerge en un estado de incredulidad y confusión. Esta fase inicial actúa como un mecanismo de defensa, una barrera psicológica que se levanta para protegernos del impacto total del dolor agudo que acompaña la pérdida de alguien importante en nuestras vidas. "Esto no está sucediendo", te repites a ti misma, en un intento desesperado por preservar algún sentido de normalidad en medio del torbellino de emociones que amenaza con arrasar todo a su paso.

Durante este tiempo, es común experimentar una sensación de entumecimiento emocional, como si de repente te encontraras en una especie de limbo, observando tu vida desmoronarse desde una distancia segura, incapaz de intervenir o reaccionar de manera significativa. Este distanciamiento emocional, aunque desconcertante, es una parte natural del proceso de duelo, proporcionándote un respiro temporal del dolor intenso mientras tu mente y tu corazón comienzan a procesar la realidad de la situación.

A medida que avanzas a través de esta fase de shock y negación, puedes encontrarte fluctuando entre momentos de claridad dolorosa y otros de negación obstinada. Es un periodo marcado por la confusión y la búsqueda de respuestas, donde las preguntas sin respuesta parecen girar en un bucle interminable en tu mente. Puedes preguntarte cómo algo tan presente en tu vida puede haberse desvanecido tan repentinamente, cómo el futuro que imaginaste ahora parece un sueño distante e inalcanzable.

Es importante recordar que esta etapa de negación es solo el comienzo del viaje de sanación. Sirve como un colchón emocional, dándote el espacio necesario para ajustarte gradualmente a tu nueva realidad. Sin embargo, permanecer demasiado tiempo en esta fase puede impedirte avanzar hacia la aceptación y la recuperación. Reconocer y aceptar tus sentimientos, por dolorosos que sean, es un paso crucial hacia la sanación.

A medida que el velo de la negación comienza a levantarse, te encuentras frente a frente con la magnitud de tu pérdida. Es un momento de transición, un punto de inflexión donde el proceso de duelo se profundiza y se expande, abriéndose paso hacia etapas de dolor, ira, negociación y, eventualmente, aceptación. Cada una de estas etapas trae consigo sus propios desafíos y revelaciones, ofreciéndote la oportunidad de confrontar y procesar tu dolor de manera constructiva.

El camino hacia la recuperación emocional es, sin duda, difícil y puede sentirse solitario en ocasiones. Pero también es un camino lleno de crecimiento personal, resiliencia y, finalmente, la posibilidad de encontrar paz y redescubrimiento personal. A lo largo de este viaje, es vital rodearte de apoyo, ya sea a través de amigos, familiares, grupos de apoyo o terapia, para ayudarte a navegar por las turbulentas aguas del duelo.

El proceso de sanar tras un adiós es un testimonio de tu fuerza y tu capacidad para enfrentar y superar los momentos más oscuros. Aunque el adiós inicie con shock y negación, el viaje emocional que sigue es una puerta hacia una comprensión más profunda de ti mismo, hacia la reconstrucción de tu vida con nuevos cimientos, y hacia la esperanza de días más brillantes en el horizonte.

EL VALOR DE RECONOCER EL DOLOR

En el complejo tejido de la experiencia humana, enfrentar el dolor, especialmente aquel que surge de una pérdida significativa o un desengaño profundo, se presenta como una de las pruebas más arduas. Aunque pueda parecer contraintuitivo, incluso antinatural, sumergirse en las aguas turbulentas del sufrimiento, reconocer este dolor es, paradójicamente, el primer paso crucial hacia la sanación. Este acto de valentía, de permitirte sentir plenamente la gama de emociones que te inundan, no es solo darle validez a tu experiencia, sino también un reconocimiento profundo de tu propia humanidad.

Ignorar o reprimir estas emociones, por otro lado, es una estrategia de evasión que solo pospone lo inevitable. Aunque pueda ofrecer un alivio temporal, este enfoque a menudo complica y extiende el proceso de duelo, creando capas adicionales de angustia que eventualmente demandarán ser enfrentadas. El dolor, cuando se le niega su expresión natural, tiene una manera persistente de manifestarse en otros aspectos de nuestra vida, afectando nuestra salud emocional y física, nuestras relaciones y nuestra capacidad para encontrar alegría y satisfacción en el día a día.

Permitirte sentir, realmente sentir, es un acto de autocuidado profundo. Es reconocer que tu dolor es legítimo, que tus emociones tienen un propósito y que, al enfrentarlas directamente, les permites cumplir su ciclo natural y eventualmente disiparse. Este proceso de confrontación y aceptación crea un espacio para el entendimiento y la compasión hacia uno mismo. Aprender a navegar a través de tus emociones, a entender sus orígenes y lo que pueden enseñarte sobre ti mismo y tus necesidades, es fundamental para construir una base sólida de amor propio y resiliencia.

Además, este camino hacia la sanación emocional no tiene que ser recorrido en soledad. Buscar el apoyo de amigos, familiares o profesionales de la salud mental puede proporcionar una perspectiva externa valiosa y el consuelo de no estar solo en tu dolor. Compartir tu experiencia con otros, especialmente con aquellos que han atravesado circunstancias similares, puede ser increíblemente sanador y empoderador. A menudo, es en la vulnerabilidad compartida donde encontramos las conexiones humanas más profundas y significativas.

A medida que avanzas en este proceso, es importante recordar que la sanación es un viaje único para cada individuo. No existe un cronograma fijo ni un camino "correcto" a seguir. Cada paso que das, por pequeño que sea, es un avance hacia un lugar de mayor paz y comprensión. Con el tiempo, este proceso de permitirte sentir plenamente y de enfrentar tu dolor con valentía te lleva a una mayor claridad, fortaleza y, finalmente, a la posibilidad de abrir tu corazón nuevamente a la alegría, al amor y a nuevas experiencias.

Aunque el dolor que sigue a la pérdida o al desengaño pueda parecer insuperable al principio, reconocerlo y permitirte vivirlo plenamente es el primer y más importante paso hacia tu recuperación y crecimiento personal. Este viaje de sanación, marcado por la introspección, la aceptación y la transformación, te invita a redescubrirte, a fortalecer tu amor propio y a reconectar con la vida desde un lugar de comprensión y gratitud más profundo.

LA MONTAÑA RUSA EMOCIONAL: IRA, NEGOCIACIÓN Y DE-

PRESIÓN

Conforme el velo de la negación comienza a levantarse, otras emociones toman el escenario: la ira y la negociación. Puedes encontrarte cuestionando por qué sucedió esto, enfadada contigo misma o con tu ex pareja por las decisiones tomadas. "Si tan solo hubiéramos...", comienzas a negociar en tu mente, buscando maneras de revertir o aliviar el dolor de la pérdida.

Esta ira, aunque dolorosa, es una parte crucial del proceso. Es el alma intentando recuperar poder y control sobre lo sucedido. Sin embargo, es fundamental dirigir esta ira de manera constructiva, utilizando esta energía para impulsarte hacia actividades que fomenten tu bienestar y crecimiento personal.

Eventualmente, la negociación da paso a la depresión. Este es el momento en que la realidad del adiós se asienta profundamente en tu ser. Puedes sentir una profunda tristeza, una soledad que parece consumir todo a su paso. Es importante recordar que este sentir, aunque oscuro, es temporal. Estás de duelo no solo por la pérdida de la relación, sino también por los sueños y planes futuros que habías construido alrededor de esta.

LA ACEPTACIÓN: HACIA LA LUZ AL FINAL DEL TÚNEL

La aceptación se erige como un faro de esperanza en el oscuro mar del proceso de duelo, iluminando un camino hacia la paz y la reconstrucción personal. Llegar a este punto de aceptación no implica que el dolor provocado por la pérdida se haya evaporado por completo; más bien, indica que has comenzado a mirar la ausencia y el vacío que dejó el adiós bajo una luz diferente. Esta nueva perspectiva te permite comprender que, aunque el adiós trajo consigo un dolor profundo, también se presenta como una puerta hacia la autodescubrimiento y la oportunidad de edificar nuevamente tu vida, esta vez con una base más sólida de fortaleza y sabiduría.

Este momento de aceptación te invita a sumergirte en una profunda reflexión sobre las lecciones que la pérdida te ha enseñado, a valorar la increíble resiliencia que has demostrado en los momentos más oscuros y a abrirte a las innumerables posibilidades que esperan delante de ti. Es un tiempo para reconocer y celebrar tu capacidad de superar adversidades, de aprender de ellas y de continuar adelante, quizás no sin cicatrices, pero sí con un espíritu enriquecido y una nueva apreciación por la vida.

La aceptación te libera de las pesadas cadenas del pasado, permitiéndote vivir el presente con una profunda gratitud por las experiencias que has vivido. Reconoces que cada momento de tu vida, incluso aquellos teñidos por el dolor y la tristeza, han jugado un papel crucial en moldear la persona que eres hoy. Estas experiencias, lejos de ser meros obstáculos, son escalones en el camino de tu crecimiento personal, enseñanzas que te preparan para enfrentar el futuro con una mayor comprensión y empatía.

Abrazar la aceptación también significa abrir tu corazón de nuevo al mundo, permitiéndote experimentar la alegría, el amor y la conexión en nuevas formas. Reconoces que el final de algo no es el fin de todo, sino el comienzo de algo nuevo, una oportunidad para aplicar lo aprendido y para vivir de manera más plena y consciente. La vida, con todas sus vueltas y revueltas, sigue ofreciendo oportunidades para la felicidad y el cumplimiento, esperando que estés listo para recibirlas.

Este es, por tanto, el momento de tender puentes hacia el futuro, guiado por la luz de la aceptación. Es un tiempo para plantar nuevas semillas de esperanza y propósito, para nutrir tus pasiones y para tejer nuevas relaciones que reflejen la persona en la que te has convertido. Con cada paso que das hacia adelante, llevas contigo la sabiduría adquirida a través del dolor, utilizándola como una brújula que te guía hacia una existencia más rica, más compasiva y más auténtica.

La aceptación es mucho más que un mero componente del duelo; es un estado de ser que te permite reconectarte contigo mismo y con el mundo a tu alrededor de una manera más profunda y significativa. Es reconocer que, aunque algunos capítulos de nuestra vida deben cerrarse, el libro aún está abierto, lleno de páginas en blanco listas para ser escritas con nuevas historias de amor, aventura y descubrimiento personal. La aceptación es, en última instancia, un acto de fe en la posibilidad de un mañana lleno de nuevas alegrías, aprendizajes y la promesa de un crecimiento sin fin.

RECONSTRUYENDO DESDE EL AMOR PROPIO

El proceso de sanación, ese viaje personal y a menudo tortuoso hacia la recuperación emocional, encuentra su culminación en un acto de reconstrucción profunda y significativa de tu vida. Este acto de renacimiento emerge desde un lugar de amor propio, un amor que se ha fortalecido y profundizado a través de las pruebas y las tribulaciones que has enfrentado. Este amor propio no es un concepto abstracto, sino una fuerza viva y dinámica que se nutre de cada lección aprendida en el camino, de cada lágrima derramada y de cada sonrisa redescubierta. Es la comprensión profunda y resonante de que mereces relaciones que no solo te valoren y respeten, sino que también te enriquezcan y celebren en todos los aspectos de tu ser.

Una de las lecciones más valiosas y transformadoras que emerge de este proceso es la capacidad de estar sola sin sentirse solitaria. Esta distinción es crucial, pues implica un cambio radical en cómo te percibes y te relacionas contigo misma. Aprender a disfrutar de tu propia compañía, a encontrar alegría y satisfacción en los momentos de soledad, se convierte en una fuente de poder y autonomía. Ya no ves la soledad como un estado a evitar a toda costa, sino como una oportunidad para el crecimiento personal, la reflexión y el descanso.

Este cambio de perspectiva te permite explorar nuevos intereses, pasiones y actividades que quizás habías dejado de lado o nunca habías considerado. Te invita a reconectar con tu esencia, con aquellas cosas que te hacen única y te llenan de vida. La soledad, vista a través de este nuevo lente, se transforma en un espacio sagrado para el autocuidado y la autoexpresión, un santuario donde puedes ser verdaderamente tú, libre de las expectativas y juicios de los demás.

Además, este viaje hacia el amor propio y la independencia emocional te prepara para entrar en futuras relaciones desde un lugar de plenitud, no de necesidad. Entiendes que mientras el amor y la conexión con otros son aspectos enriquecedores de la vida, tu felicidad y paz interior no dependen exclusivamente de ellos. Esta realización es liberadora, pues te permite elegir con quién y cómo deseas compartir tu vida, basándote en el deseo de complementar tu felicidad, en lugar de buscar alguien que la complete.

El proceso de sanación y reconstrucción de tu vida desde un lugar de amor propio es un testimonio de tu resiliencia y tu capacidad para transformar el dolor en poder. Es un recordatorio de que, a pesar de las heridas del pasado, tienes la fuerza y la sabiduría para crear una vida que refleje tu verdadero valor y belleza. Este amor propio, cultivado con paciencia y ternura, se convierte en tu brújula, guiándote hacia relaciones más saludables, hacia experiencias más auténticas y hacia un futuro donde la paz y la alegría son no solo posibles, sino que son tu realidad cotidiana.

HACIA UN FUTURO DE POSIBILIDADES

En la travesía hacia la sanación y el redescubrimiento personal, resulta esencial mantener presente que cada paso dado no es solamente una etapa en tu proceso de curación, sino también la piedra angular sobre la cual edificarás futuras relaciones más saludables y gratificantes. Este camino, aunque solitario y desafiante en ocasiones, es una inversión en tu bienestar emocional y relacional. Cada esfuerzo que haces por cultivar el amor propio, cada momento en que eliges tratarte con compasión y entender tus propias necesidades, estás, de hecho, avanzando hacia la capacidad de experimentar el amor de una forma más completa, genuina y auténtica.

El dolor que acompaña el adiós, esa profunda sensación de pérdida que puede sentirse insuperable en el momento, es indiscutiblemente una de las pruebas más difíciles por las que podemos pasar. Sin embargo, paradójicamente, es también una de las más grandes oportunidades para el crecimiento personal y emocional. Este dolor, aunque abrumador, actúa como un catalizador para una profunda transformación interna. Nos obliga a enfrentar nuestras vulnerabilidades, a reevaluar nuestras prioridades y valores, y a cuestionar nuestras percepciones sobre el amor, la vida y nosotros mismos.

A través del velo del sufrimiento y la confusión, se revela la posibilidad de emerger renovado, como una versión de ti mismo más fuerte, sabia y llena de amor. Este proceso de transformación no es fácil; requiere valentía para enfrentar tus miedos, resistencia para soportar los momentos de soledad y determinación para seguir adelante a pesar de la incertidumbre. Pero es precisamente en estos momentos de prueba donde descubrimos nuestra verdadera fortaleza y resiliencia.

El acto de superar el dolor del adiós y dedicarse al amor propio es, en esencia, un acto de reafirmación personal. Es reconocer que mereces ser amado de manera que respete y celebre tu esencia única. Es aprender a establecer límites saludables, a comunicar tus necesidades y deseos de manera clara, y a no conformarte con menos de lo que sabes que mereces. Al hacerlo, no solo te preparas para futuras relaciones más satisfactorias, sino que también te abres a una vida más rica y plena, independientemente de tu estado relacional.

En última instancia, este camino de sanación y amor propio te enseña que el amor más importante en la vida es el amor que tienes por ti mismo. Este amor es el fundamento sobre el cual se construyen todas las demás formas de amor. Al fortalecer este amor propio, te vuelves capaz de amar y ser amado de una manera que es verdaderamente libre, profunda y transformadora.

Por tanto, mientras avanzas en este viaje, recuerda que cada paso hacia el amor propio es, simultáneamente, un paso hacia un futuro donde el amor, en todas sus formas, es más saludable, más satisfactorio y más verdadero. Estás en el proceso de convertirte en la versión más auténtica y amorosa de ti mismo, y eso es algo verdaderamente poderoso y hermoso.

ESTRATEGIAS PARA MANEJAR LA IRA Y LA NEGOCIACIÓN:

Cuando la ira y la negociación surgen, es fácil sentirse atrapada en un ciclo de "qué hubiera pasado si..." que solo alimenta más el dolor. Aquí hay algunas estrategias para manejar estas emociones:

↳ Exprime tu ira de manera saludable: Encuentra una salida constructiva para tu ira. Esto puede ser a través del ejercicio físico, como correr o practicar boxeo, o actividades creativas como la escritura, la pintura o la música. Estas actividades no solo te ayudan a liberar la tensión acumulada, sino que también te permiten expresarte de manera auténtica.

Reenmarca la negociación: En lugar de quedarte atrapada en el ciclo de la negociación, intenta reenfocar esos pensamientos hacia lo que puedes controlar: tu propio proceso de sanación y crecimiento. Cuando te encuentres pensando "Si tan solo...", cambia el guion a "Ahora puedo...". Esto te ayudará a ver la pérdida como una oportunidad para el crecimiento personal y el autodescubrimiento.

NAVEGANDO POR LA DEPRESIÓN

La depresión puede sentirse como una nube oscura que lo cubre todo. Sin embargo, hay maneras de encontrar luz incluso en los días más grises:

↳ Permítete sentir: Darte permiso para sentir tristeza es fundamental. Reconoce tus emociones sin juzgarte y entiende que el duelo es un proceso no lineal, lleno de altibajos.

↳ Busca apoyo: Rodearte de amigos, familiares o un grupo de apoyo puede proporcionarte el consuelo y la comprensión que necesitas. Considera la posibilidad de hablar con un terapeuta, quien puede ofrecerte herramientas y perspectivas para manejar tu dolor de manera más efectiva.

Crea una rutina de autocuidado: Establecer una rutina diaria que incluya actividades que nutran tanto tu cuerpo como tu alma es vital. Esto puede ser desde practicar yoga o meditación hasta dedicar tiempo a leer un libro que te inspire. Encuentra pequeños momentos de alegría en tu día a día y aférrate a ellos.

LA ACEPTACIÓN Y EL RENACIMIENTO

Llegar a la aceptación es un momento de transformación. Aquí es donde realmente comienzas a reconstruir tu vida desde un lugar de fuerza y amor propio.

Reflexiona sobre lo aprendido: Tómate un tiempo para reflexionar sobre las lecciones que esta experiencia te ha enseñado. ¿Cómo ha cambiado tu percepción sobre el amor, la relación y sobre ti misma? ¿Cómo puedes aplicar estas lecciones en el futuro?

Establece nuevos objetivos y sueños: Ahora que estás empezando a dejar atrás el pasado, es un buen momento para pensar en lo que realmente quieres para tu futuro. Establece objetivos personales y profesionales que te ilusionen y trabaja hacia ellos con determinación.

↳ Abre tu corazón a nuevas posibilidades: Aunque puede ser difícil, intenta mantenerte abierta a nuevas experiencias y relaciones. Recuerda, cada persona que encuentras tiene algo único que ofrecerte, y el amor puede aparecer cuando menos lo esperas.

El camino hacia la sanación después de un adiós es tan personal como universal. Aunque cada una de nosotras lo recorre a su propio ritmo, lo importante es recordar que no estás sola en este viaje. A través de la introspección, el autocuidado y el apoyo, encontrarás la fuerza para sanar, crecer y, eventualmente, abrir tu corazón de nuevo al amor.

EJERCICIOS DE REFLEXIÓN Y TÉCNICAS PARA GESTIONAR EL DUELO:

En el intrincado y a menudo doloroso proceso del duelo, encontrar maneras de manejar la pérdida y el dolor de una forma que no solo facilite la sanación sino que también promueva el crecimiento personal, es fundamental. Para navegar por este terreno complejo con esperanza y resiliencia, es esencial armarte con un conjunto de herramientas y prácticas reflexivas que te guíen a través del laberinto de emociones y te ayuden a encontrar un sentido de paz y propósito. A continuación, te presento una serie de sugerencias y técnicas diseñadas para apoyarte en este viaje de sanación, permitiéndote procesar tus emociones de manera saludable, encontrar significado en las experiencias vividas y, con el tiempo, reconstruir tu sentido de bienestar y plenitud.

↳ 1. Diario de Duelo

Escribir en un diario ofrece un espacio seguro y privado para expresar tus pensamientos y emociones más íntimos. Dedica tiempo cada día para escribir sobre tus sentimientos, recuerdos de la persona perdida, y cualquier pensamiento que surja durante tu proceso de duelo. Esta práctica puede servir como un desahogo emocional y, con el tiempo, te permitirá ver tu evolución y el cambio en tus patrones de pensamiento.

↳ 2. Meditación y Mindfulness

La meditación y la práctica de mindfulness te ayudan a centrarte en el momento presente, a manejar los pensamientos y emociones abrumadoras con una mayor serenidad. Dedica unos minutos al día para sentarte en silencio, concentrarte en tu respiración y observar tus pensamientos y emociones sin juicio. Esto puede incrementar tu capacidad para manejar el estrés y fomentar una sensación de paz interior.

↳ 3. Rituales de Despedida

Crear un ritual de despedida personal puede proporcionar un sentido de cierre y ayudarte a honrar la memoria de la persona perdida. Esto puede variar desde escribir una carta de despedida que nunca enviarás, hasta plantar un árbol en su honor. Estos actos simbólicos permiten expresar tu dolor de una manera tangible y comenzar a soltar el dolor.

↳ 4. Actividad Física Regular

El ejercicio físico no solo beneficia tu salud física sino que también tiene un impacto positivo en tu estado emocional. Actividades como caminar, correr, yoga o cualquier forma de ejercicio que disfrutes, pueden ser una válvula de escape para tu dolor y una forma de reconectar con tu cuerpo, que puede sentirse descuidado durante el duelo.

↳ 5. Conexión Social

Aunque el deseo de aislarte puede ser fuerte, mantener conexiones sociales es vital. Compartir tus sentimientos con amigos de confianza, familiares o grupos de apoyo puede proporcionarte una red de seguridad emocional. Escuchar a otros que han experimentado pérdidas similares puede ofrecerte consuelo y perspectiva.

↳ 6. Exploración Creativa

La expresión creativa, ya sea a través de la pintura, la música, la escritura o cualquier forma de arte, puede ser una poderosa herramienta de sanación. Estas actividades creativas te permiten expresar tus emociones de maneras que las palabras no pueden, facilitando un proceso de sanación más profundo.

↳ 7. Buscar Apoyo Profesional

En algunos casos, el apoyo de un terapeuta o consejero puede ser invaluable para navegar por el proceso de duelo. Un profesional puede ofrecerte estrategias adaptadas a tus necesidades específicas, ayudándote a procesar tu dolor de manera constructiva y a avanzar hacia la sanación.

Cada una de estas sugerencias y técnicas ofrece una forma de abordar el duelo desde un lugar de compasión y cuidado personal. Recuerda, el proceso de duelo es profundamente personal y no hay una "manera correcta" de vivirlo. Permítete sentir, permítete sanar a tu propio ritmo, y confía en que, aunque el camino hacia la sanación puede ser largo y lleno de baches, también está lleno de oportunidades para el crecimiento, la renovación y la esperanza.

EJERCICIOS DE REFLEXIÓN

Diario de Sentimientos: Dedica unos minutos cada día a escribir en un diario cómo te sientes. No te preocupes por la coherencia o la gramática; simplemente deja que tus pensamientos y emociones fluyan. Esta práctica puede ayudarte a procesar tus sentimientos y eventualmente a ver patrones o progresos en tu camino hacia la sanación.

Cartas que no enviarás: Escribe cartas a la persona que se fue. Exprésale todo lo que quedó sin decir, cómo te sientes ahora, lo que deseas para el futuro, y cualquier perdón que estés listo para ofrecer o buscar. No necesitas enviar estas cartas; son simplemente una herramienta para ayudarte a procesar tus emociones.

Árbol de la vida: Dibuja un árbol que represente tu vida. En las raíces, anota tus valores fundamentales; en el tronco, tus fortalezas; en las ramas, tus esperanzas y sueños para el futuro. Esta visualización puede ayudarte a recordar quién eres en tu esencia y hacia dónde quieres dirigirte.

TÉCNICAS PARA GESTIONAR EL DUELO

Meditación y Respiración Consciente: Practicar la meditación y ejercicios de respiración consciente puede ser extremadamente útil para manejar los momentos de intensa emoción. Dedica unos minutos cada día a centrarte en tu respiración, permitiendo que cada inhalación y exhalación te ayude a encontrar un espacio de calma interior.

Rituales de Despedida: Crear un ritual de despedida puede

ser una poderosa forma de cerrar un capítulo. Esto podría ser algo tan simple como escribir recuerdos en pedazos de papel y quemarlos, o tan personal como plantar un árbol en honor a lo que has vivido y aprendido.

Conexión con la Naturaleza: Pasar tiempo en la naturaleza puede tener un efecto curativo en el espíritu. Ya sea caminar por un parque, sentarse junto al mar o simplemente estar al aire libre, permítete sentir la conexión con el mundo natural y la continuidad de la vida.

Establecer una Red de Apoyo: Apoyarte en amigos, familiares, o grupos de apoyo puede proporcionarte un espacio seguro para compartir tus sentimientos. Hablar de tu experiencia no solo te ayuda a procesarla, sino que también te recuerda que no estás solo(a) en este proceso.

Cuidado Personal Consciente: Dedica tiempo a actividades que nutran tanto tu cuerpo como tu mente. Esto puede ser desde tomar un baño relajante, practicar tu hobby favorito, hasta cocinar una comida saludable para ti. Hacer de tu bienestar una prioridad es fundamental en el proceso de sanación.

El duelo es un camino único para cada persona, pero integrar estos ejercicios de reflexión y técnicas de manejo puede proporcionarte una estructura y un soporte en tu proceso de sanación. Recuerda, es importante ser paciente y amable contigo mismo(a) a lo largo de este viaje. Cada pequeño paso que das hacia adelante es una victoria que te acerca más a la paz y la aceptación.

Capítulo 3: Rescatando lo Rescatado.

RENACER DE LAS CENIZAS

En las ruinas de un adiós, donde el silencio habló,

hallé pedazos de mí, esparcidos, sin control.

Fragmentos de un alma, que el amor había roto,

en la búsqueda de sanar, un propósito remoto.

"Rescatando lo Rescatado", un viaje hacia mi interior,

descubriendo entre las sombras, una luz, un resplandor.

Lo que quedó, no era poco, era esencia, era yo,

un ser completo, resiliente, dispuesto a un nuevo sol.

Aprendí a abrazar mi sombra, y también mi luz a celebrar,

cada herida, cada marca, un trofeo, un altar.

Las lecciones del dolor, en sabiduría se tornaron,

y los pedazos recogidos, en fortaleza se transformaron.

En el espejo del alma, una figura renacida,

no definida por el pasado, sino por la vida vivida.

"Rescatando lo Rescatado", más que un acto, una verdad,

que en las profundidades del ser, siempre hay algo que salvar.

Los sueños no se perdieron, solo se transformaron,

en deseos más auténticos, que de las cenizas brotaron.

El amor propio, la guía, en este mar de recuperación,

enseñándome a valorar, la propia corazón.

Así, paso a paso, mi ser comencé a reconstruir,

con los cimientos del amor propio, decidí seguir.

Rescatando lo Rescatado, en este viaje sin final,

descubrí que el mayor tesoro, siempre fue mi esencial.

Este renacer de las cenizas, una danza con mi sombra,

una celebración de vida, donde cada momento asombra.

Porque al final del camino, lo que rescaté fui yo,

un alma indomable, lista para un nuevo yo.

Tras la tempestad emocional que supone el adiós y el proceso de duelo, surge un momento de calma, una oportunidad para mirar hacia adentro y descubrir lo que hemos logrado rescatar de nosotros mismos a pesar de las adversidades. Este capítulo se dedica a esa búsqueda personal, a la tarea de rescatar y revalorizar aquello que hemos salvaguardado: nuestra esencia, nuestras fortalezas y la capacidad de amar y ser felices de nuevo.

RECONECTANDO CON TU ESENCIA

En las profundidades de tu ser, más allá de las capas de dolor, decepción y duda, reside una fuerza inquebrantable, una luz perpetua que no se apaga ante la adversidad ni se extingue con el adiós. Este núcleo esencial, tu esencia más pura, es un refugio de fortaleza y resiliencia que ha permanecido constante a través de las tormentas de la vida. Ahora, más que nunca, es el momento de reconectar con esa parte fundamental de ti misma, de redescubrir y reafirmar quién eres en tu núcleo, más allá de las relaciones que has cultivado y más allá de los roles que has desempeñado. Este proceso de transformación, aunque marcado por el dolor, es también una oportunidad invaluable para explorar y revelar aspectos de tu ser que tal vez habías olvidado, subestimado o minimizado en el tumulto de la convivencia diaria.

Ejercicio de Autoindagación

Para facilitar este viaje de reencuentro contigo misma, te propongo un ejercicio de autoindagación que puede servir como punto de partida para una reflexión más profunda y enriquecedora. Dedica un tiempo tranquilo y sin interrupciones para reflexionar sobre las siguientes preguntas, permitiéndote ser honesta y compasiva contigo misma en tus respuestas. Considera escribir tus pensamientos y descubrimientos en un diario, ya que el acto de escribir puede proporcionar claridad y perspectiva.

↳ ¿Cuáles son las cualidades que más valoras en ti misma?

Piensa en aquellos atributos, tanto internos como externos, que te definen y te hacen sentir orgullosa de quién eres. Estas pueden ser cualidades como tu resiliencia, tu capacidad para amar, tu creatividad, tu sentido del humor, o tu determinación.

↳ ¿Qué has aprendido sobre ti durante este proceso?

Reflexiona sobre las lecciones que el proceso de duelo y transformación ha traído a tu vida. Considera los desafíos que has enfrentado, cómo has reaccionado ante ellos y qué han revelado sobre tu carácter, tus límites y tus necesidades.

↳ ¿Cómo puedes nutrir y expandir esas cualidades?

Una vez que hayas identificado las cualidades y lecciones aprendidas, piensa en maneras concretas en las que puedes fomentar y desarrollar aún más estos aspectos de tu ser. Esto puede implicar establecer nuevos objetivos personales, buscar nuevas experiencias que desafíen y te hagan crecer, o simplemente dedicar más tiempo a actividades que reflejen y celebren tus fortalezas.

Este ejercicio de autoindagación es más que un simple

momento de reflexión; es un acto de autoafirmación y un compromiso con tu desarrollo personal. Al tomarte el tiempo para reconectar con tu esencia y valorar profundamente quién eres, te preparas para avanzar en tu vida desde un lugar de amor propio, confianza y autenticidad. Recuerda, cada experiencia, incluso aquellas que traen consigo dolor y pérdida, tiene el potencial de moldearnos de maneras inesperadas y maravillosas. Este momento de tu vida, este proceso de transformación, es una oportunidad única para redescubrirte, para enamorarte de nuevo de ti misma y para construir un futuro que refleje todo lo que verdaderamente valoras y deseas.

CELEBRANDO TUS FORTALEZAS

Cada paso que has dado en tu camino, cada lágrima que ha surcado tu rostro, no ha sido en vano. Más bien, cada uno de estos momentos ha servido como una viva demostración de tu fortaleza interior, de tu capacidad para enfrentar y sobrellevar las adversidades que la vida pone en tu camino. Ahora, más que nunca, es el momento de hacer una pausa, mirar atrás con aprecio y celebrar esas fortalezas. Es crucial reconocer y valorar la resiliencia que has mostrado, comprendiendo que esta no es solo una muestra de tu capacidad para resistir, sino también una fuente inagotable de poder personal que te impulsará hacia adelante, hacia nuevos horizontes y desafíos.

Mural de la Fortaleza

Para honrar y mantener presente esta fuente de poder, te propongo la creación de un "Mural de la Fortaleza". Este puede ser un proyecto tanto físico como digital, diseñado para reunir y exhibir imágenes, citas inspiradoras, símbolos y cualquier otro elemento que represente las fortalezas y cualidades que has identificado en ti a lo largo de tu viaje. Este mural se convertirá en un recordatorio visual y tangible de tu capacidad para superar adversidades, una celebración de tu resiliencia y un testimonio de las batallas que has librado y ganado.

Cómo Crear Tu Mural de la Fortaleza:

↳ Selección de Elementos: Comienza por seleccionar imágenes, frases, colores y símbolos que resuenen contigo y que sientas que representan tus fortalezas y logros personales. Estos elementos pueden provenir de revistas, libros, fotografías personales, internet o ser creaciones artísticas propias.

↳ Elección del Medio: Decide si prefieres crear un mural físico, utilizando un tablero de corcho, un lienzo o cualquier superficie grande donde puedas pegar y organizar tus elementos seleccionados, o si optas por una versión digital, empleando programas de diseño gráfico o incluso un collage digital en una plataforma como Pinterest.

↳ Organización Creativa: Dispon los elementos de manera que te hablen y te inspiren. No hay reglas fijas en cuanto a la organización; lo importante es que el resultado final sea algo que te motive y te llene de orgullo cada vez que lo veas.

↳ Ubicación: Coloca tu mural en un lugar donde puedas

verlo frecuentemente. Si es un mural físico, considera un espacio en tu habitación, oficina o cualquier área donde pases mucho tiempo. Si es digital, configúralo como fondo de pantalla en tu computadora o teléfono para tener siempre cerca esa fuente de inspiración.

Este Mural de la Fortaleza actuará como un faro de luz en los momentos de duda, recordándote las batallas que has enfrentado y superado, y la fuerza intrínseca que posees. En días difíciles, será un recordatorio de que tienes todo lo necesario para enfrentar cualquier desafío que se presente. Más que un simple conjunto de imágenes y palabras, tu mural es un reflejo de tu viaje, una obra de arte personal que narra la historia de tu resiliencia, tu crecimiento y tu indomable espíritu.

En resumen, cada paso adelante, cada obstáculo superado, y cada lágrima derramada en tu camino constituyen las piedras angulares de tu fortaleza personal. Celebrar estas fortalezas mediante la creación de un Mural de la Fortaleza es una manera poderosa y creativa de reconocer y honrar tu viaje, reafirmando tu capacidad para continuar avanzando con confianza y determinación hacia el futuro.

ABRAZANDO LA CAPACIDAD DE AMAR DE NUEVO

En este contexto de renovada esperanza y claridad, te invito a realizar un ejercicio de proyección hacia el futuro, una práctica que no solo sirve como una afirmación de tus deseos y expectativas, sino también como un recordatorio de tu propia valía y de lo que mereces en una relación amorosa.

Se trata de escribir una "Carta al Futuro Amor", un ejercicio que te permitirá expresar, desde un lugar de optimismo y autoconocimiento, no solo lo que estás dispuesta a ofrecer en una relación, sino también lo que esperas recibir de ella. Esta carta es una manifestación de tu creencia en la posibilidad de un amor saludable, equitativo y profundamente enriquecedor.

Pasos para Escribir tu Carta al Futuro Amor:

↳ Encuentra un Espacio Tranquilo: Dedica un momento y lugar tranquilos para este ejercicio, donde puedas reflexionar y escribir sin interrupciones.

↳ Escribe desde el Corazón: Comienza tu carta saludando a ese futuro amor. No necesitas conocer su nombre o rostro; simplemente dirígete a la esencia del amor que deseas atraer a tu vida.

↳ Expresa tus Deseos: De manera honesta y abierta, comparte lo que deseas ofrecer en una relación. Habla de tus fortalezas, tus pasiones y la manera en que deseas nutrir y apoyar a tu pareja.

↳ Define tus Expectativas: Igual de importante es expresar lo que esperas recibir. Describe las cualidades que valoras en una pareja, el tipo de conexión emocional que buscas y cómo deseas que te hagan sentir.

↳ Visualiza el Futuro: Imagina cómo sería tu vida junto a esta persona. ¿Qué actividades disfrutan juntos? ¿Cómo se apoyan mutuamente en los momentos difíciles? ¿Cómo celebran los triunfos?

↳ Sella tu Carta con Esperanza: Concluye tu carta con

palabras de esperanza y expectativa positiva hacia el futuro, reafirmando tu creencia en la posibilidad de un amor genuino y mutuamente enriquecedor.

Este ejercicio no es simplemente un acto de soñar despierta, sino una poderosa herramienta de intención. Al definir y expresar lo que verdaderamente valoras y deseas en una relación, estás enviando un mensaje al universo, pero, más importante aún, te estás recordando a ti misma tus propios valores y la importancia de no conformarte con menos de lo que mereces.

El final de una relación es, en realidad, un principio disfrazado: el comienzo de un viaje hacia un amor más auténtico, tanto hacia ti misma como hacia un futuro compañero. La Carta al Futuro Amor es un paso en este viaje, un acto de fe en el amor y en tu propia capacidad de amar y ser amada de manera plena, respetuosa y verdadera.

Nutriendo el Amor Propio

El amor propio es el cimiento sobre el cual se construyen relaciones saludables y satisfactorias. Este es un buen momento para comprometerte a practicar el autocuidado y la autoaceptación de manera consciente.

Rituales de Autocuidado: Establece rituales de autocuidado que celebren tu valía y promuevan tu bienestar. Esto puede variar desde practicar yoga o meditación, hasta tratarte con un masaje o una actividad que te llene de alegría.

Afirmaciones Positivas: Comienza cada día con afirmaciones

positivas que refuercen tu valor y tu capacidad para superar cualquier desafío. Repite frases como "Soy fuerte", "Merezco amor y felicidad", o "Confío en mi capacidad para sanar y avanzar".

Este capítulo es un llamado a mirar hacia adentro y rescatar lo rescatado, recordándote que, incluso en los momentos más oscuros, hay aspectos de tu ser que permanecen intactos y brillantes. Al hacerlo, no solo te preparas para futuras relaciones, sino que también te abres a una vida más plena y satisfactoria, basada en el amor propio y la autoaceptación. Este es el verdadero rescate: encontrar en ti misma un refugio, una fuente de amor y luz que nunca se apaga.

Enfoque en la revalorización de lo que cada una ha salvado de sí misma tras las decepciones amorosas:

En el laberinto de las decepciones amorosas, cada una de nosotras enfrenta momentos de profunda introspección y duda. Sin embargo, en medio de la turbulencia emocional, hay una luz que nunca se extingue: la esencia de nuestro ser, aquello que, a pesar de las tempestades, logramos salvar y revalorizar. Este proceso de revalorización es un acto de valentía y amor propio, un camino hacia la recuperación de nuestra autoestima y la reafirmación de nuestro valor intrínseco.

RECONOCIMIENTO DEL DOLOR COMO PUNTO DE PARTIDA

El primer paso hacia la revalorización de nuestro ser comienza con el reconocimiento del dolor. Admitir que estamos heridas no nos hace débiles; por el contrario, es el acto más valiente que podemos emprender. Este reconocimiento nos permite entender que, aunque el amor haya partido, nuestra esencia, nuestros sueños y nuestra capacidad de amar permanecen intactos.

LA FORTALEZA EN LA VULNERABILIDAD

Encontrar fortaleza en nuestra vulnerabilidad significa aceptar nuestras emociones, permitiéndonos sentir plenamente el espectro de la experiencia humana. Cada lágrima derramada, cada noche en vela, no son sino testimonios de nuestra capacidad para amar profundamente y, por ende, de vivir plenamente. Reconocer esta fortaleza nos empodera, nos enseña que si hemos sido capaces de amar de manera tan profunda, también seremos capaces de sanar y amar de nuevo, con una sabiduría renovada.

REDESCUBRIENDO NUESTRA ESENCIA

Tras las decepciones amorosas, surge la oportunidad de redescubrir quiénes somos más allá de cualquier relación. Este es el momento de volver a conectar con nuestras pasiones, aquellas actividades que nos llenan de alegría y nos definen. Ya sea a través del arte, la escritura, el deporte o cualquier otra expresión de nuestro ser, redescubrirnos nos permite reafirmar nuestra individualidad y fortalecer nuestro amor propio.

EL PODER DE LA AUTOAFIRMACIÓN

La autoafirmación es una herramienta poderosa en el proceso de revalorización personal. Consiste en afirmar nuestras cualidades, logros y fortalezas, recordándonos que somos seres valiosos y dignos de amor y respeto. Practicar la autoafirmación a través de mantras o afirmaciones positivas diarias puede transformar nuestra autoimagen y reforzar nuestra autoestima.

ESTABLECIENDO LÍMITES SALUDABLES

Una parte crucial de valorarnos a nosotras mismas es aprender a establecer y mantener límites saludables en nuestras relaciones. Estos límites nos protegen, nos permiten expresar nuestras necesidades y expectativas de manera clara y, sobre todo, nos enseñan a respetarnos a nosotras mismas. Aprender a decir "no" a lo que no nos sirve es tan importante como aprender a decir "sí" a lo que nos nutre y nos hace crecer.

NUTRIENDO EL CRECIMIENTO PERSONAL

El camino hacia la revalorización personal también implica un compromiso con nuestro crecimiento continuo. Esto puede manifestarse en la búsqueda de nuevas experiencias, el aprendizaje de nuevas habilidades o la profundización en el autoconocimiento a través de la meditación, la lectura o la terapia. Cada paso que damos hacia nuestro crecimiento personal refuerza la creencia en nuestro propio valor y en nuestra capacidad para superar los desafíos que la vida nos presenta.

CULTIVANDO RELACIONES SALUDABLES

Finalmente, revalorizar lo que hemos salvado de nosotras mismas nos prepara para cultivar relaciones más saludables en el futuro. Al entender nuestro valor, somos más capaces de elegir parejas que nos respeten, nos valoren y nos apoyen en nuestro crecimiento. Aprendemos que el amor verdadero es aquel que nos acepta tal como somos, que nos inspira a ser la mejor versión de nosotras mismas y que se construye sobre el respeto mutuo, la comunicación y la confianza.

El proceso de revalorización tras las decepciones amorosas es, en esencia, un viaje de regreso a nosotras mismas. Es un camino que nos lleva a redescubrir nuestra fortaleza, nuestra capacidad de resiliencia y nuestra inquebrantable voluntad de amar y ser felices. Al final de este viaje, no solo habremos salvado lo mejor de nosotras mismas, sino que también habremos aprendido a valorarlo y protegerlo como el tesoro que verdaderamente es. En este proceso, descubrimos que el amor más grande y transformador no es el que encontramos en los demás, sino el que nace y florece dentro de nuestro propio ser.

ACTIVIDADES PARA FORTALECER EL AMOR PROPIO Y LA AUTOESTIMA.

El amor propio y la autoestima son pilares fundamentales de nuestra salud emocional y bienestar. Cultivarlos requiere compromiso, paciencia y práctica. A continuación, te presento una serie de actividades diseñadas para nutrir tu relación contigo misma, fomentando un amor y respeto profundos por tu ser.

REFLEXIÓN Y AUTOCONOCIMIENTO

Diario Personal: Dedica tiempo cada día para escribir en un diario. Reflexiona sobre tus experiencias, emociones y aprendizajes. Este ejercicio te permite conectar contigo misma, reconocer tus fortalezas y áreas de crecimiento, y celebrar tus logros personales.

Cartas a tu Yo Futuro: Escribe cartas a tu yo futuro, expresando tus esperanzas, sueños y metas. Establece un momento en el futuro para leerlas. Esta actividad fomenta la auto-reflexión y te motiva a trabajar hacia la versión de ti que deseas ser.

CONEXIÓN CORPORAL

Práctica de Mindfulness y Meditación: Dedica tiempo a la meditación y prácticas de mindfulness, enfocándote en la conexión mente-cuerpo. Estas prácticas reducen el estrés, mejoran la autoconciencia y promueven una actitud de aceptación y gratitud hacia uno mismo.

Actividad Física Regular: El ejercicio físico, ya sea yoga, caminatas, danza o cualquier actividad que disfrutes, no solo mejora tu salud física, sino que también aumenta tu autoestima al liberar endorfinas y fortalecer tu percepción de la autoeficacia.

EXPRESIÓN CREATIVA

Exploración de Hobbies Creativos: Participa en actividades creativas que te apasionen, como pintar, escribir, tocar un instrumento o jardinería. La creatividad es una poderosa herramienta de expresión personal y un canal para explorar y afirmar tu identidad.

Proyecto de Gratitud Visual: Crea un collage o mural visual que represente todo por lo que estás agradecida en tu vida, incluyéndote a ti misma y tus cualidades únicas. Este proyecto te recordará constantemente tus bendiciones y el valor que aportas al mundo.

CONSTRUCCIÓN DE RELACIONES SALUDABLES

Rodearte de Positividad: Cultiva relaciones con personas que te apoyen, te inspiren y te valoren. Aprende a establecer límites con aquellos que drenan tu energía o minan tu autoestima. Estar rodeada de positividad refuerza tu valor propio y te anima a ser tu mejor versión.

Participación en Grupos de Apoyo o Talleres: Unirte a grupos o talleres enfocados en el desarrollo personal puede proporcionarte herramientas adicionales para fortalecer tu amor propio y ofrecerte una comunidad de apoyo.

PRÁCTICAS DE AUTOCUIDADO

Rituales de Autocuidado: Desarrolla rituales de autocuidado que nutran tanto tu cuerpo como tu alma. Esto puede incluir leer un buen libro, tomar un baño relajante, practicar técnicas de relajación o simplemente tomarte un momento para ti misma cada día.

Alimentación Consciente: Presta atención a tu alimentación, optando por una dieta que nutra tu cuerpo y mente. Una buena nutrición es una forma de respeto hacia ti misma y puede tener un impacto positivo en tu autoestima.

AFIRMACIONES Y VISUALIZACIÓN

Práctica de Afirmaciones Positivas: Comienza cada día con afirmaciones positivas. Elige declaraciones que resuenen contigo y refuercen tu valor y capacidades. Repítelas frente al espejo, creando un vínculo visual y emocional contigo misma.

Visualización del Éxito: Dedica tiempo a visualizar tus metas y sueños como si ya los hubieras alcanzado. Esta práctica fortalece tu autoconfianza y te motiva a tomar acciones concretas hacia tus objetivos.

Cada una de estas actividades es un paso hacia el fortalecimiento de tu amor propio y autoestima. Recuerda, el camino hacia el amor propio es personal y único para cada individuo. Lo importante es encontrar las prácticas que mejor resuenen contigo y te hagan sentir conectada, valorada y respetada por la persona más importante en tu vida: tú misma.

El autoconocimiento es la base sobre la cual se construye el amor propio. Más allá de llevar un diario personal, puedes profundizar en este aspecto mediante técnicas como la escritura reflexiva específica, donde cada semana eliges un tema central sobre tu vida para explorar: tus miedos, tus sueños, los momentos en que te has sentido más orgullosa de ti misma, etc. Esta práctica permite una introspección profunda y ayuda a identificar áreas de tu vida que deseas mejorar o cambiar.

EXPANSIÓN DE LA CONEXIÓN CORPORAL

La conexión cuerpo-mente es esencial para el amor propio. Además de la práctica regular de ejercicio y mindfulness, considera incorporar técnicas de conciencia corporal como el método Feldenkrais o la técnica Alexander, que no solo mejoran la postura y alivian el estrés físico sino que también aumentan la autoconciencia y la presencia. Estas prácticas te enseñan a escuchar a tu cuerpo, respetar sus límites y reconocer su sabiduría.

EXPLORACIÓN CREATIVA COMO MEDIO DE AUTOEXPRESIÓN

La creatividad es un canal poderoso para el autoconocimiento y la expresión personal. Participar en talleres de escritura creativa, pintura intuitiva o danza libre puede abrir nuevos caminos para explorar y expresar tus emociones, pensamientos y deseos. Estas actividades no solo son liberadoras sino que también pueden revelar aspectos desconocidos de tu personalidad y potenciar tu autoestima al descubrir nuevas habilidades y formas de expresión.

FORTALECIMIENTO DE RELACIONES SALUDABLES

Para cultivar relaciones que refuercen tu amor propio, es vital aprender el arte de la comunicación asertiva. Esto implica expresar tus pensamientos, sentimientos y necesidades de manera clara y respetuosa, sin pasividad ni agresividad. Practicar la asertividad mejora las relaciones interpersonales y aumenta la autoestima, ya que te posicionas desde un lugar de respeto hacia ti misma y hacia los demás.

AUTOCUIDADO INTEGRAL

El autocuidado va más allá de las rutinas de bienestar; implica también establecer un equilibrio saludable entre trabajo y descanso, aprender a gestionar el estrés de manera efectiva y tomar decisiones que favorezcan tu salud mental y física a largo plazo. Considera la posibilidad de adoptar prácticas de manejo del tiempo, como la técnica Pomodoro, para mejorar tu productividad mientras te aseguras de dedicar tiempo suficiente al descanso y al ocio.

IMPLEMENTACIÓN DE AFIRMACIONES Y VISUALIZACIÓN EN LA RUTINA DIARIA

Las afirmaciones positivas y la visualización son herramientas poderosas para reprogramar tu mente hacia una autoimagen más positiva. Para profundizar en esta práctica, crea un ritual matutino que incluya visualizaciones guiadas y afirmaciones personalizadas. Puedes grabar tu propia voz leyendo tus afirmaciones y escucharlas cada mañana, reforzando el mensaje positivo hacia ti misma.

EDUCACIÓN CONTINUA SOBRE EL AMOR PROPIO

Finalmente, el camino hacia el amor propio y la mejora de la autoestima es un proceso de aprendizaje continuo. Participa en talleres, lee libros y escucha podcasts sobre desarrollo personal, psicología positiva y bienestar emocional. Cada nuevo aprendizaje te proporciona herramientas adicionales para fortalecer tu relación contigo misma y con los demás.

Recuerda, el amor propio no es un destino final, sino un viaje continuo de crecimiento, aceptación y autocompasión. Al integrar estas prácticas en tu vida, no solo estás invirtiendo en tu bienestar actual sino también en tu futuro, construyendo una base sólida de autoestima y respeto propio que te acompañará a lo largo de toda tu vida.

Capítulo 4: Aprendiendo de los Errores.

LECCIONES ENTRE LÍNEAS

En el libro de mi vida, capítulo tras capítulo,

Errores como maestros, en lecciones se han escrito.

Cada paso en falso, cada caída y desacierto,

Son estrellas en la noche, guiando mi descubrimiento.

"Aprendiendo de los Errores", una travesía sin igual,

Donde cada tropiezo es un escalón hacia mi ideal.

No son marcas de fracaso, sino insignias de valor,

Recordatorios de que en el error, hay oportunidad y amor.

He caminado senderos, donde la sombra fue mi guía,

Pero en cada equivocación, una luz se encendía.

Encontrando en lo imperfecto, la belleza de lo real,

Y en el corazón del error, un aprendizaje vital.

Cada "debería" y "podría", en el pasado dejé,

Abrazando el "soy" y "estaré", en el presente crecí.

Porque cada error cometido, es un paso hacia adelante,

Una oportunidad para crecer, ser más fuerte, más constante.

Este capítulo revela, no solo lo que he perdido,

Sino todo lo ganado, lo aprendido y lo vivido.

A través de mis errores, mi esencia he redescubierto,

Encontrando en cada lección, un corazón más abierto.

Así, con cada error, una nueva página se escribe,

En el gran libro de la vida, donde el ser se describe.

"Aprendiendo de los Errores", más que un capítulo, una luz,

Que ilumina el camino hacia el yo que aún descubro.

Con gratitud miro atrás, a los errores del ayer,

Pues son ellos los que me han ayudado a crecer.

En cada error, una lección, en cada lección, una elección,

De ser mejor, de amar más fuerte, con renovada pasión.

Así avanzo, paso a paso, con mis errores como guías,

Construyendo un futuro donde mis sueños y días

Están tejidos con sabiduría, amor y comprensión,

"Aprendiendo de los Errores", hacia mi propia canción.

En el vasto y a menudo tortuoso camino hacia el amor propio y la realización personal, los errores que cometemos no deben verse como obstáculos insuperables o marcas de fracaso, sino más bien como puentes que nos conducen hacia una comprensión más profunda y enriquecedora de nuestra propia esencia y de los valores que fundamentan nuestra existencia. Este capítulo, dedicado a la transformación de los errores en valiosas lecciones de vida, resalta la importancia crítica de reinterpretar nuestras fallas y desaciertos no como el final de nuestro viaje, sino como momentos cruciales de aprendizaje y oportunidades invaluables para el crecimiento personal y el fortalecimiento de nuestra resiliencia.

Cada error, visto a través de este prisma, se convierte en un maestro silencioso que, si bien puede ser duro en sus métodos, es generoso en sabiduría. Nos enseña sobre nuestras limitaciones y debilidades, sí, pero también sobre nuestra capacidad para superar adversidades, adaptarnos a nuevas circunstancias y salir adelante con una mayor fortaleza y una visión más clara de quiénes somos y hacia dónde queremos dirigir nuestras vidas.

Abrazar los errores como lecciones de vida es, por tanto, una práctica esencial que fomenta no solo el crecimiento personal sino también la autocompasión. Aprender a tratarnos a nosotros mismos con la misma empatía y comprensión que ofreceríamos a un ser querido en una situación similar es un paso fundamental hacia el amor propio. Reconocer que errar es humano y que cada desvío del camino ideal es una oportunidad para aprender y mejorar, nos libera de la autocritica paralizante y nos permite avanzar con confianza hacia nuestros objetivos y sueños.

Este proceso de transformación requiere de una mente abierta y un corazón dispuesto a examinar los errores bajo una luz diferente, buscando activamente las lecciones que se ocultan detrás del velo del fracaso. Implica hacer preguntas difíciles, enfrentar verdades incómodas sobre nosotros mismos y, lo más importante, estar dispuestos a cambiar y adaptar nuestro comportamiento y actitudes en consecuencia.

Además, este enfoque transformador hacia los errores fomenta una cultura de aprendizaje y mejora continua, tanto en el ámbito personal como en el interpersonal. Al compartir nuestras experiencias y las lecciones aprendidas con otros, no solo fortalecemos nuestras relaciones mediante la vulnerabilidad y la autenticidad, sino que también ofrecemos a quienes nos rodean la oportunidad de aprender de nuestras experiencias.

Mientras navegamos por el complejo dirigimos hacia el amor propio y la realización personal, es esencial recordar que los errores son parte integral del proceso. Lejos de ser señales de derrota, son escalones hacia una mayor comprensión de nosotros mismos, hacia la construcción de una vida alineada con nuestros valores más profundos y hacia el desarrollo de una resiliencia que nos prepara para enfrentar con gracia y fortaleza los desafíos que aún están por venir. Este capítulo sobre la transformación de los errores en lecciones de vida es un testimonio de nuestra capacidad para crecer, evolucionar y encontrar un significado más profundo en cada paso de nuestra travesía.

LA NATURALEZA DE LOS ERRORES

Los errores son inherentes a la condición humana; son indicativos de que estamos intentando, explorando y, lo más importante, viviendo. En el contexto de relaciones pasadas y decepciones amorosas, los errores pueden abarcar desde malas elecciones de pareja hasta la negligencia de nuestras propias necesidades y deseos. Reconocer estos errores no es un acto de auto-castigo, sino el primer paso hacia una sabiduría más profunda y una mayor compasión hacia uno mismo.

RECONOCIMIENTO Y ACEPTACIÓN

Reflexión Personal: Dedica un tiempo para reflexionar sobre las decisiones y acciones pasadas que consideras errores. Hazlo desde una perspectiva de curiosidad y aprendizaje, en lugar de juicio y crítica.

↳ Acepta que estos errores forman parte de tu viaje. La aceptación no implica conformidad, sino el reconocimiento de que cada paso, incluso los traspiés, te ha llevado a ser la persona que eres hoy.

EXTRACCIÓN DE LECCIONES

Cada error lleva consigo una lección. El truco está en poder identificar estas lecciones y aplicarlas en tu vida.

Análisis de Patrones: Identifica si hay patrones recurrentes en tus errores. ¿Tiendes a comprometer demasiado rápido tus sentimientos? ¿Ignoras señales de advertencia? Entender estos patrones puede prevenir que se repitan en el futuro.

Lecciones Aprendidas: Convierte cada error en una lección específica. Por ejemplo, si reconoces que has sacrificado demasiado de ti misma por una relación, la lección podría ser la importancia de establecer y mantener límites personales saludables.

APLICACIÓN DE APRENDIZAJES

Las lecciones aprendidas son valiosas solo si se aplican. Considera cómo cada lección puede influir en tus decisiones y comportamientos futuros.

Cambios Conductuales: Basándote en tus reflexiones, implementa cambios en tu forma de actuar y tomar decisiones en relaciones futuras. Esto puede significar comunicar tus necesidades más abiertamente, elegir parejas que respeten tus límites o dedicar más tiempo a conocer a alguien antes de comprometerte emocionalmente.

Desarrollo de Nuevas Estrategias: Desarrolla estrategias que te ayuden a actuar de acuerdo con tus lecciones aprendidas. Esto puede incluir técnicas de comunicación asertiva, prácticas de mindfulness para mejorar la autoconciencia, o incluso terapia para trabajar en aspectos específicos de tu comportamiento y emociones.

CELEBRACIÓN DEL CRECIMIENTO

Finalmente, es esencial celebrar el crecimiento que estos errores y lecciones han propiciado. Reconocer y celebrar tus avances fortalece tu autoestima y te motiva a continuar en tu camino de desarrollo personal.

Rituales de Celebración: Crea pequeños rituales para celebrar tus logros, como escribir en tu diario, compartir tus aprendizajes con amigos cercanos, o simplemente darte un momento para agradecer internamente por el crecimiento experimentado.

Gratitud hacia el Proceso: Practica la gratitud no solo por las lecciones aprendidas sino también por los errores que te llevaron a ellas. Esta perspectiva de gratitud transforma la manera en que ves los errores, de obstáculos a oportunidades.

Este capítulo no solo te equipa con herramientas para aprender de los errores sino que también te anima a abrazar cada experiencia como una oportunidad para crecer, fortalecer tu amor propio y avanzar hacia relaciones más saludables y satisfactorias. A través de este proceso, descubrirás que el mayor error no es tropezar, sino negarse a levantarse y aprender del tropiezo.

TRANSFORMANDO EL DOLOR EN SABIDURÍA: LECCIONES DE UNA RELACIÓN PASADA:

El final de una relación amorosa, especialmente aquella marcada por la profundidad del sentimiento y la inversión emocional, puede ser uno de los desafíos más difíciles que enfrentamos en nuestra vida. Sin embargo, dentro de este crisol de emociones, hay oportunidades invaluables para el crecimiento personal y el aprendizaje. Reflexionar sobre las lecciones aprendidas de una relación pasada no es solo un ejercicio de introspección; es un acto de empoderamiento que nos permite transformar el dolor en sabiduría y la decepción en esperanza.

EL VALOR DE LA AUTOCONCIENCIA

Una de las lecciones más significativas que podemos extraer de una relación pasada es el valor de la autoconciencia. A menudo, es en la retrospección donde podemos ver más claramente nuestros propios patrones de comportamiento, nuestras necesidades emocionales y nuestras respuestas a los conflictos. Este conocimiento profundo de nosotros mismos es el primer paso hacia la construcción de relaciones más saludables en el futuro.

↳ La autoconciencia nos enseña a reconocer nuestras propias necesidades y a comunicarlas de manera efectiva, evitando así malentendidos y resentimientos.

LA IMPORTANCIA DE LA COMUNICACIÓN

La comunicación es el pilar sobre el cual se construyen o derrumban las relaciones. Una lección valiosa es la importancia de una comunicación abierta, honesta y respetuosa. A través de nuestras interacciones pasadas, aprendemos que suponer o esperar que nuestra pareja adivine nuestros pensamientos y sentimientos es un camino seguro hacia la frustración.

↳ Cultivar la habilidad de expresar nuestros pensamientos y emociones de manera clara y constructiva es esencial para el desarrollo de relaciones sólidas y satisfactorias.

LA NECESIDAD DE LÍMITES SALUDABLES

Otra lección crítica es la necesidad de establecer y mantener límites saludables. Los límites no solo nos protegen, sino que también fomentan el respeto mutuo y el aprecio en una relación. Aprender a decir "no" o a expresar cuando algo nos incomoda o hiere es crucial para nuestro bienestar emocional y el de la relación.

> ↳ Los límites saludables nos ayudan a mantener nuestra individualidad y nos permiten interactuar con los demás desde un lugar de autorespeto y dignidad.

EL RECONOCIMIENTO DE LAS SEÑALES DE ALERTA

En la reflexión, también podemos identificar señales de alerta que quizás ignoramos o minimizamos en el momento. Estas pueden incluir falta de respeto, manipulación, o simplemente una incompatibilidad de valores y objetivos de vida. Reconocer estas señales temprano en futuras relaciones puede prevenir dolor y decepción.

> ↳ Estar atentos a las señales de alerta y actuar en consecuencia nos empodera para tomar decisiones que están alineadas con nuestro bienestar y felicidad.

LA RESILIENCIA ANTE LA PÉRDIDA

La experiencia de perder una relación importante también nos enseña sobre nuestra propia capacidad de resiliencia. Aprender a enfrentar y superar el dolor es una lección de fortaleza y esperanza. Nos damos cuenta de que, a pesar de la adversidad, podemos recuperarnos, reconstruirnos y abrirnos nuevamente al amor y a la vida.

↳ La resiliencia nos muestra que cada final tiene el potencial de ser el comienzo de algo nuevo y posiblemente, más hermoso.

EL PODER DEL PERDÓN

Finalmente, pero no menos importante, aprendemos el poder del perdón. Perdonar no significa olvidar o justificar el daño que nos han hecho, sino liberarnos de la carga del resentimiento. El perdón es un regalo que nos hacemos a nosotros mismos, un paso esencial hacia la sanación y el crecimiento personal.

↳ El perdón nos libera de cadenas invisibles del pasado, permitiéndonos avanzar con el corazón ligero y abierto a nuevas experiencias.

Cada relación, con sus alegrías y sus desafíos, es una maestra en el arte de vivir y amar. Las lecciones aprendidas de una relación pasada son tesoro de sabiduría que, cuando se integran, nos preparan para construir futuros más felices y satisfactorios. En este proceso de reflexión y aprendizaje, nos acercamos más a ser la versión más auténtica y amorosa de nosotros mismos, capaces de amar con profundidad, sin perder nuestra esencia o comprometer nuestro bienestar.

CONSEJOS PARA IDENTIFICAR PATRONES Y CÓMO EVITAR REPETIRLOS:

Identificar y evitar repetir patrones dañinos en nuestras relaciones es crucial para nuestro crecimiento personal y para construir conexiones más saludables y satisfactorias en el futuro. Aquí te ofrezco algunos consejos prácticos para ayudarte en este proceso:

1. REFLEXIÓN Y AUTOANÁLISIS

Lleva un Diario: Escribe sobre tus experiencias pasadas, enfocándote en las situaciones y relaciones que parecen repetirse. Esto puede ayudarte a identificar patrones en tu comportamiento o en las personas que atraes.

Busca Temas Comunes: Al reflexionar, intenta identificar temas comunes en tus relaciones pasadas. ¿Hay comportamientos específicos, situaciones o tipos de personas que se repiten? Estar consciente de estos puede ser el primer paso para cambiarlos.

2. ENTIENDE LA RAÍZ DE LOS PATRONES

Explora tu Infancia: Muchas veces, nuestros patrones en las relaciones tienen raíces en nuestra infancia o en nuestras primeras experiencias significativas. Comprender estos orígenes puede ofrecer insights valiosos para cambiar.

Considera la Terapia: Un terapeuta puede ayudarte a profundizar en la comprensión de tus patrones, ofreciéndote herramientas y estrategias para enfrentarlos y modificarlos.

3. APRENDE A RECONOCER SEÑALES DE ALERTA

Educa tu Intuición: Aprende a escuchar y confiar en tu intuición. Si algo se siente mal, probablemente lo esté. Reconocer estas señales temprano puede ayudarte a evitar situaciones o relaciones potencialmente dañinas.

↳ Define Tus No Negociables: Establece claros límites y estándares para tus relaciones. Saber lo que no estás dispuesto a tolerar te ayudará a alejarte de patrones y situaciones que no se alineen con tus valores.

4. CAMBIA TU NARRATIVA

Modifica tu Diálogo Interno: La forma en que te hablas a ti mismo puede tener un gran impacto en cómo te relacionas con los demás. Practica el autohabla positiva y reafirma tu valor y tus necesidades.

Reescribe tu Historia: En lugar de verte a ti mismo como víctima de tus patrones, empieza a verte como el arquitecto de tu cambio. Toma responsabilidad activa por tu bienestar y felicidad.

5. DESARROLLA NUEVAS ESTRATEGIAS DE AFRONTAMIENTO

Aprende a Estar Solo: A menudo, repetimos patrones porque tememos a la soledad. Aprender a disfrutar de tu propia compañía puede disminuir la necesidad de buscar validación en relaciones poco saludables.

Cultiva Relaciones Plenas: Rodearte de amigos y familiares que te apoyen puede proporcionarte una perspectiva más equilibrada y saludable sobre el amor y las relaciones.

6. PRÁCTICA DE LA PACIENCIA Y LA PERSEVERANCIA

Reconoce que el Cambio Toma Tiempo: Romper patrones arraigados no sucede de la noche a la mañana. Sé paciente contigo mismo y reconoce cada pequeño progreso en tu camino.

Celebra tus Logros: Reconocer y celebrar los cambios positivos en tu comportamiento y elecciones puede motivarte a continuar en tu camino de crecimiento.

7. MANTÉN UN ENFOQUE PROACTIVO

↳ Establece Objetivos Claros: Define lo que deseas en tus relaciones futuras y comprométete a actuar de manera que te acerque a esos objetivos.

↳ Permanece Abierto al Aprendizaje: Considera cada experiencia, buena o mala, como una oportunidad para aprender y crecer. Mantente abierto a nuevas perspectivas y enfoques en tus relaciones.

Romper con los patrones requiere coraje, introspección y la voluntad de enfrentar verdades incómodas sobre nosotros mismos. Sin embargo, al embarcarnos en este proceso, no solo mejoramos nuestras relaciones sino que también avanzamos hacia una versión más auténtica y realizada de nosotros mismos.

Identificar y evitar repetir patrones dañinos en nuestras relaciones es crucial para nuestro crecimiento personal y para construir conexiones más saludables y satisfactorias en el futuro. Aquí te ofrezco algunos consejos prácticos para ayudarte en este proceso:

1. REFLEXIÓN Y AUTOANÁLISIS

Lleva un Diario: Escribe sobre tus experiencias pasadas, enfocándote en las situaciones y relaciones que parecen repetirse. Esto puede ayudarte a identificar patrones en tu comportamiento o en las personas que atraes.

Busca Temas Comunes: Al reflexionar, intenta identificar temas comunes en tus relaciones pasadas. ¿Hay comportamientos específicos, situaciones o tipos de personas que se repiten? Estar consciente de estos puede ser el primer paso para cambiarlos.

2. ENTIENDE LA RAÍZ DE LOS PATRONES

Explora tu Infancia: Muchas veces, nuestros patrones en las relaciones tienen raíces en nuestra infancia o en nuestras primeras experiencias significativas. Comprender estos orígenes puede ofrecer insights valiosos para cambiar.

Considera la Terapia: Un terapeuta puede ayudarte a profundizar en la comprensión de tus patrones, ofreciéndote herramientas y estrategias para enfrentarlos y modificarlos.

3. APRENDE A RECONOCER SEÑALES DE ALERTA

Educa tu Intuición: Aprende a escuchar y confiar en tu intuición. Si algo se siente mal, probablemente lo esté. Reconocer estas señales temprano puede ayudarte a evitar situaciones o relaciones potencialmente dañinas.

> ↳ Define Tus No Negociables: Establece claros límites y estándares para tus relaciones. Saber lo que no estás dispuesto a tolerar te ayudará a alejarte de patrones y situaciones que no se alineen con tus valores.

4. CAMBIA TU NARRATIVA

Modifica tu Diálogo Interno: La forma en que te hablas a ti mismo puede tener un gran impacto en cómo te relacionas con los demás. Practica el autohabla positiva y reafirma tu valor y tus necesidades.

Reescribe tu Historia: En lugar de verte a ti mismo como víctima de tus patrones, empieza a verte como el arquitecto de tu cambio. Toma responsabilidad activa por tu bienestar y felicidad.

5. DESARROLLA NUEVAS ESTRATEGIAS DE AFRONTAMIENTO

Aprende a Estar Solo: A menudo, repetimos patrones porque tememos a la soledad. Aprender a disfrutar de tu propia compañía puede disminuir la necesidad de buscar validación en relaciones poco saludables.

Cultiva Relaciones Plenas: Rodearte de amigos y familiares que te apoyen puede proporcionarte una perspectiva más equilibrada y saludable sobre el amor y las relaciones.

6. PRÁCTICA DE LA PACIENCIA Y LA PERSEVERANCIA

Reconoce que el Cambio Toma Tiempo: Romper patrones arraigados no sucede de la noche a la mañana. Sé paciente contigo mismo y reconoce cada pequeño progreso en tu camino.

Celebra tus Logros: Reconocer y celebrar los cambios positivos en tu comportamiento y elecciones puede motivarte a continuar en tu camino de crecimiento.

7. MANTÉN UN ENFOQUE PROACTIVO

Establece Objetivos Claros: Define lo que deseas en tus relaciones futuras y comprométete a actuar de manera que te acerque a esos objetivos.

Permanece Abierto al Aprendizaje: Considera cada experiencia, buena o mala, como una oportunidad para aprender y crecer. Mantente abierto a nuevas perspectivas y enfoques en tus relaciones.

Romper con los patrones requiere coraje, introspección y la voluntad de enfrentar verdades incómodas sobre nosotros mismos. Sin embargo, al embarcarnos en este proceso, no solo mejoramos nuestras relaciones sino que también avanzamos hacia una versión más auténtica y realizada de nosotros mismos.

Capítulo 5: Abriéndome a Nuevas Oportunidades

HORIZONTES RENOVADOS

Bajo el cielo de lo vivido, mis alas se despliegan,

de las cenizas del pasado, una nueva esperanza llega.

"Abriéndome a Nuevas Oportunidades", un lema,

un camino hacia el mañana, donde el miedo no impera.

Las puertas cerradas, las despedidas amargas,

no son más que el preludio de futuras alboradas.

Cada fin es un inicio, cada adiós, un puente,

hacia tierras no exploradas, horizontes resplandecientes.

Con el corazón abierto, y la mirada al frente,

avanzo paso a paso, hacia lo desconocente.

La vida, un lienzo en blanco, listo para ser pintado,

con colores de esperanza, sueños no alcanzados.

"Abriéndome a Nuevas Oportunidades", mi alma clama,

buscando en cada experiencia, una llama que no se apaga.

El amor, en sus múltiples formas, espera ser descubierto,

en la sonrisa de un extraño, en un gesto tierno y cierto.

Dejo atrás el temor, la duda y la incertidumbre,

abrazando el presente, con todas sus virtudes.

Porque cada día trae consigo, la promesa de un inicio,

una oportunidad de amar, de vivir, de escribir mi propio mito.

Así, con cada paso en esta senda de renovación,

descubro que la vida es un eterno ciclo de transformación.

"Abriéndome a Nuevas Oportunidades", encuentro mi dirección,

hacia un futuro donde reine el amor, la paz y la pasión.

Porque en el corazón del cambio, en el núcleo de la novedad,

yace el secreto para una vida plena, llena de felicidad.

Así, me abro a lo que viene, con esperanza y con valor,

sabiendo que tras cada noche, me espera un nuevo sol.

Tras haber navegado por las turbulentas aguas del adiós, aprendido de los errores y fortalecido el amor propio, llega el momento de abrir el corazón a nuevas oportunidades. Este capítulo es una invitación a mirar hacia adelante con esperanza y optimismo, reconociendo que cada final marca el comienzo de algo nuevo y posiblemente maravilloso.

RECONOCIENDO EL VALOR DE LA APERTURA

Para abrazar nuevas oportunidades, primero debemos reconocer el valor intrínseco de mantenernos abiertos al cambio. La apertura nos permite ser receptivos a nuevas experiencias, personas y lecciones que la vida tiene para ofrecernos. Es un acto de valentía y un testimonio de nuestra capacidad para crecer y evolucionar.

Ejercicio de Reflexión: Dedica un momento para reflexionar sobre lo que significa "estar abierto" para ti. ¿Cómo puedes aplicar esta apertura en tu vida diaria, en tus interacciones con los demás y en tu actitud hacia el futuro?

SUPERANDO EL MIEDO AL RECHAZO Y AL FRACASO

Uno de los mayores obstáculos para abrazar nuevas oportunidades es el miedo al rechazo y al fracaso. Sin embargo, estos miedos pueden ser transformados en aliados, recordándonos que cada experiencia, sea percibida como positiva o negativa, contribuye a nuestro crecimiento.

Técnica de Confrontación: Cuando enfrentes el miedo, pregúntate: "¿Cuál es el peor escenario posible?" Luego, reflexiona sobre cómo podrías manejarlo. Esta técnica te ayuda a poner tus miedos en perspectiva y a reducir su poder sobre ti.

FOMENTANDO LA CURIOSIDAD Y LA EXPERIMENTACIÓN

Mantener una actitud de curiosidad es esencial para abrirte a nuevas oportunidades. Permite que la curiosidad guíe tus acciones, llevándote a explorar nuevos intereses, hobbies y relaciones sin la presión de resultados específicos.

Diario de Curiosidad: Lleva un registro de las cosas que despiertan tu curiosidad cada día. Esto puede incluir nuevos intereses, preguntas sobre el mundo o personas que encuentres intrigantes.

CREANDO ESPACIO PARA LO NUEVO

Para que lo nuevo entre en nuestra vida, a menudo necesitamos hacer espacio, tanto física como emocionalmente. Esto puede implicar dejar ir viejas pertenencias, recuerdos o incluso creencias limitantes que ya no nos sirven.

Ritual de Limpieza: Realiza una limpieza física de tu espacio, deshaciéndote de objetos que ya no necesitas o que te atan al pasado. Paralelamente, realiza una limpieza emocional, dejando ir rencores, miedos y expectativas pasadas.

PRACTICANDO LA GRATITUD

La gratitud puede transformar nuestra percepción del pasado, presente y futuro. Practicar la gratitud nos ayuda a reconocer el valor en cada momento y experiencia, abriendo nuestro corazón a nuevas posibilidades con una actitud positiva.

Diario de Gratitud: Escribe tres cosas por las que estás agradecido cada día. Esto te ayudará a enfocarte en lo positivo y a cultivar una actitud de apertura y receptividad.

CONECTANDO CON OTROS

Las nuevas oportunidades a menudo vienen a través de nuestras conexiones con otros. Ampliar tu círculo social y abrirte a nuevas relaciones puede ser una fuente rica de alegría y aventura.

Participa en Nuevas Actividades: Únete a grupos o clases que te interesen. Esta es una excelente manera de conocer gente nueva mientras exploras tus pasiones.

MANTENIENDO LA FE EN EL PROCESO

Finalmente, mantener la fe en el proceso de la vida es esencial para abrazar nuevas oportunidades. Confía en que cada paso que das te lleva hacia donde necesitas estar, incluso si el camino no es siempre claro.

Afirmaciones Positivas: Utiliza afirmaciones positivas para reforzar tu fe en el futuro y en tu capacidad para enfrentar y aprovechar nuevas oportunidades.

Abriéndote a nuevas oportunidades, te permites vivir plenamente, explorar lo desconocido y recibir todo lo bueno que la vida tiene para ofrecerte. Este capítulo no es solo el cierre de una etapa pasada, sino el preludio de las maravillosas experiencias y relaciones que están por venir. Con cada paso hacia adelante, te conviertes en una versión más resiliente, compasiva y abierta de ti mismo, listo para recibir con brazos abiertos lo que el futuro te depara.

Estrategias para mantenerse abierta y receptiva al amor sin miedo al futuro.

Mantenerse abierta y receptiva al amor después de experiencias pasadas dolorosas o decepcionantes es un desafío que muchas enfrentamos. Sin embargo, adoptar una postura abierta hacia el amor y el futuro es esencial para vivir una vida plena y rica en experiencias. Aquí te ofrezco algunas estrategias prácticas para ayudarte a mantener tu corazón abierto, minimizando el miedo al futuro:

1. CULTIVA TU RELACIÓN CONTIGO MISMA

Prioriza el Amor Propio: Antes de poder abrirte completamente al amor de otro, es crucial que desarrolles un profundo amor y respeto por ti misma. Dedica tiempo a actividades que nutran tu cuerpo, mente y espíritu.

Aceptación Incondicional: Trabaja hacia la aceptación incondicional de ti misma, reconociendo y valorando tu valía independientemente de tu estado relacional.

2. APRENDE DE EXPERIENCIAS PASADAS SIN DEJARTE DEFINIR POR ELLAS

Reflexión Constructiva: Tómate el tiempo para reflexionar sobre tus relaciones pasadas, identificando lecciones aprendidas sin permitir que el dolor o el resentimiento te definan.

Suelta el Pasado: Practica técnicas de liberación emocional, como la meditación o la escritura terapéutica, para soltar conscientemente las cargas emocionales del pasado.

3. DESARROLLA UNA MENTALIDAD POSITIVA

Optimismo Cauteloso: Mantén una actitud de optimismo hacia el amor y el futuro, pero con cautela, equilibrando la esperanza con una comprensión realista de que el amor implica riesgo.

Visualización Positiva: Utiliza la visualización para imaginar una relación saludable y satisfactoria, enfocándote en cómo te sientes en esa relación ideal, lo que ayuda a atraer esas mismas vibraciones positivas a tu vida.

4. ESTABLECE LÍMITES SALUDABLES

Conoce Tus Límites: Estar abierta al amor no significa renunciar a tus límites personales. Es vital conocer y comunicar tus límites en las relaciones.

Respeta Tus Necesidades: Asegúrate de que tus necesidades emocionales y físicas sean respetadas, lo que fomenta relaciones más saludables y equitativas.

5. ABRAZA LA VULNERABILIDAD

Sé Vulnerable: La vulnerabilidad es un componente esencial de las relaciones profundas y significativas. Permite que otros vean tu verdadero yo, aunque esto implique riesgo.

Gestiona el Miedo al Rechazo: Reconoce que el miedo al rechazo es normal, pero no dejes que te impida formar conexiones genuinas.

6. EXPANDE TU CÍRCULO SOCIAL

Nuevas Experiencias: Participa en actividades y eventos que expandan tu círculo social. Conocer gente nueva aumenta las posibilidades de encontrar alguien con quien compartas una conexión genuina.

Sé Abierta a Conocer Gente Diferente: A veces, el amor viene de las fuentes más inesperadas. Mantén una mente abierta a conocer a personas fuera de tu "tipo" habitual.

7. PRACTICA LA GRATITUD

Diario de Gratitud: Lleva un diario en el que anotes diariamente las cosas por las que estás agradecida, incluyendo las pequeñas victorias en tu camino hacia el amor.

Reconoce el Amor en Todas Sus Formas: Aprecia y reconoce el amor en todas sus formas, ya sea amor familiar, amistad o amor propio. Esto mantiene tu corazón abierto y receptivo.

8. BUSCA APOYO CUANDO LO NECESITES

Apóyate en Amigos y Familia: Comparte tus esperanzas y miedos con amigos y familiares de confianza. Tener una red de apoyo puede proporcionarte fortaleza y perspectiva.

Considera la Terapia: Un terapeuta puede ofrecerte herramientas y estrategias para manejar el miedo y abrirte al amor de una manera saludable.

Mantenerse abierta al amor después de experiencias dolorosas es un acto de valentía y esperanza. Al adoptar estas estrategias, no solo te preparas para el amor futuro, sino que también te empoderas a vivir una vida más plena y satisfactoria, independientemente de tu estado relacional.

HISTORIA DE VALENTINA: DE LA OSCURIDAD A LA LUZ

Valentina había dedicado los mejores años de su juventud a una relación que, al final, solo le dejó cicatrices en el alma. La separación no fue solo el cierre de un capítulo compartido, sino el inicio de un profundo viaje personal a través de un mar de dudas y tristeza. Se vio a sí misma perdida en la pregunta que atormenta a muchos: ¿existe realmente el amor verdadero? La respuesta parecía esquiva, escondida en las sombras de su corazón roto.

Los meses posteriores a la ruptura fueron un período de introspección y reconstrucción. Valentina se encontró frente al espejo de su existencia, contemplando las piezas dispersas de su ser. Decidió que era el momento de recoger esas piezas, una a una, y comenzar el meticuloso proceso de reconstruirse. Se dio cuenta de que, en algún lugar a lo largo de su relación pasada, había perdido de vista quién era realmente, sacrificando sus pasiones y sueños en el altar de un amor que resultó ser una ilusión.

Fue durante este tiempo de autoexploración cuando Valentina redescubrió su amor por la fotografía, una pasión que había dejado en suspenso para complacer a su pareja. Recordó cómo, en su juventud, perderse detrás del lente de su cámara le hacía sentir viva, cómo capturar momentos efímeros le daba un sentido de propósito y conexión con el mundo. Con la determinación de reencontrarse, se inscribió en un taller de fotografía local, un pequeño paso hacia la reafirmación de su independencia y creatividad.

El taller resultó ser mucho más que una simple lección en técnicas fotográficas; fue el umbral a un nuevo capítulo en su vida. Fue allí donde conoció a Marco, un compañero entusiasta de la fotografía cuya visión artística y sensibilidad hacia el mundo resonaron con Valentina desde el primer momento. Compartían una curiosidad innata por descubrir historias ocultas en lo cotidiano, y sus conversaciones rápidamente se extendieron más allá de la fotografía, explorando sueños, filosofías de vida y, eventualmente, las cicatrices de sus pasados.

Lo que comenzó como una amistad basada en intereses comunes y respeto mutuo, poco a poco floreció en algo más profundo. Valentina encontró en Marco un alma gentil que no solo respetaba su individualidad, sino que la alentaba a perseguir sus sueños, a volar alto sin miedo. Marco se convirtió en el viento bajo sus alas, mostrándole que el amor verdadero no encadena, sino que libera y eleva.

Juntos, emprendieron aventuras, capturando el mundo a través de sus lentes, cada fotografía un testimonio de su amor en crecimiento. Con Marco, Valentina aprendió que el amor verdadero no demanda que uno se pierda, sino que se encuentra; no que uno se minimice, sino que florezca. Él la amaba por quien era, con todas sus imperfecciones y su belleza única, y ella a él.

El amor que Valentina y Marco compartían era uno construido no solo sobre la pasión, sino también sobre la paciencia, la comprensión y el apoyo mutuo. Era un amor que no temía al futuro, porque se basaba en la solidez de conocer y aceptarse el uno al otro en el presente. Valentina había encontrado el amor verdadero, no porque lo buscara, sino porque aprendió a vivir plenamente, abierta a las posibilidades que la vida le presentaba.

Reflexionando sobre su viaje, Valentina comprendió que cada paso, cada error y cada lágrima habían sido necesarios para llevarla a este momento. El amor verdadero había llegado cuando menos lo esperaba, en la forma más pura y hermosa. Había aprendido que el corazón, incluso después de estar hecho pedazos, tiene la capacidad infinita de sanar, de amar de nuevo, más profundamente y con mayor sabiduría.

Valentina y Marco, con sus cámaras al hombro y sus corazones entrelazados, continuaron caminando juntos, capturando la belleza del mundo y de su amor, recordándonos que después de la tormenta siempre llega la calma, y a menudo, un nuevo amanecer lleno de amor y posibilidades.

HISTORIA DE ELENA: UN NUEVO CAPÍTULO

Elena tuvo una relación que, en lugar de nutrirla, la había dejado sintiéndose vacía y menospreciada. Las palabras hirientes y la indiferencia de su pareja habían erosionado lentamente su autoestima, hasta que un día, mirándose en el espejo, apenas pudo reconocerse. Fue entonces cuando algo dentro de ella despertó, una chispa de determinación que le recordó que merecía mucho más de lo que estaba recibiendo. Decidida a cerrar ese capítulo doloroso de su vida, Elena se prometió a sí misma que redescubriría quién era verdaderamente, más allá de las sombras de una relación tóxica.

Con el corazón cargado de esperanzas y una maleta llena de sueños, Elena se embarcó en un viaje de auto-descubrimiento. Había elaborado una lista de destinos y actividades que siempre había querido explorar pero que había pospuesto por complacer a otros. Su viaje la llevó a través de ciudades vibrantes, tranquilos pueblos costeros, y finalmente, a las montañas que siempre habían llamado a su espíritu aventurero.

Era en estas montañas, rodeada de la inmensidad de la naturaleza, donde Elena se sintió verdaderamente libre por primera vez en años. Respirando el aire puro y fresco, cada paso hacia la cima de la montaña que siempre había querido conquistar era un paso hacia la recuperación de su fuerza interior. Fue en este escenario de desafío y belleza donde su camino se cruzó con el de Alex.

Alex, con su mochila al hombro y una sonrisa fácil, era un alma gemela que Elena nunca supo que estaba buscando. Compartían una pasión por la aventura y una profunda apreciación por la serenidad de la naturaleza. Pero lo que verdaderamente los unió fue el reconocimiento mutuo de la resiliencia y la belleza interior del otro. Alex veía en Elena no solo las cualidades que ella había aprendido a amar en sí misma, sino también aquellas que aún no había descubierto.

Juntos, Elena y Alex continuaron el sendero, compartiendo historias de sus vidas, sueños para el futuro, y risas que resonaban a través del paisaje. Con cada conversación, Elena se daba cuenta de que estaba comenzando a escribir un nuevo capítulo en su vida, uno lleno de respeto mutuo, amor y, sobre todo, aventuras compartidas.

En las semanas y meses que siguieron, Elena y Alex exploraron nuevos destinos juntos. Desde bucear en aguas cristalinas hasta escalar otras montañas, cada aventura les enseñaba más el uno del otro y fortalecía su conexión. Elena, que una vez se había sentido menospreciada, ahora se veía a través de los ojos de Alex como alguien valiosa, fuerte y digna de amor.

Pero no solo fue la relación con Alex lo que transformó a Elena. A través de sus viajes y experiencias, redescubrió su amor por la vida, su sed de aprendizaje y su capacidad para enfrentar el miedo con valentía. Aprendió a confiar en sí misma y en su intuición, a tomar decisiones que reflejaban su verdadero ser, y a establecer límites saludables que protegían su bienestar emocional.

Este viaje de auto-descubrimiento y amor no estuvo exento de desafíos. Hubo momentos de duda y temor, momentos en los que el pasado amenazaba con ensombrecer el presente. Sin embargo, Elena y Alex se enfrentaron a estos desafíos juntos, apoyándose mutuamente con una comprensión y empatía que solo el verdadero amor puede brindar.

Elena había aprendido que el amor verdadero no es solo una cuestión de encontrar a la persona adecuada; es también un proceso de convertirse en la persona adecuada. Era la versión más auténtica de sí misma, aquella que había emergido a través de su viaje de auto-descubrimiento, la que había atraído a Alex a su vida.

La historia de Elena es un testimonio del poder transformador del amor propio y la aventura. Nos recuerda que, a veces, para encontrar lo que más deseamos, debemos tener el coraje de dejar ir lo que ya no nos sirve, abrazar lo desconocido y mantener nuestros corazones abiertos a las infinitas posibilidades que la vida ofrece.

Ahora, parados juntos en la cima de otra montaña, mirando hacia el horizonte infinito, Elena y Alex sabían que habían encontrado algo especial. No solo habían encontrado el amor el uno en el otro, sino que también habían redescubierto el amor por la vida. Y así, con el mundo extendiéndose ante ellos, estaban listos para explorarlo juntos, con corazones abiertos y almas llenas de esperanza.

HISTORIA DE SOFÍA: AMOR PROPIO COMO FUNDAMENTO

Sofía, tras años de navegar por el turbulento mar de las relaciones amorosas, se encontró a la deriva, lejos de la orilla de su propia esencia. Cada relación, breve y superficial, dejaba tras de sí una estela de vacío y una creciente sensación de invisibilidad. Mirándose en el espejo del alma, apenas podía reconocer la figura que la devolvía la mirada: una sombra de la mujer vibrante y llena de sueños que alguna vez fue.

En un acto de desesperación convertido en decisión, Sofía cerró el capítulo de buscar el amor en brazos ajenos y se embarcó en la travesía más desafiante y gratificante de todas: el viaje hacia el amor propio. Comenzó por redescubrir las actividades que alguna vez nutrieron su espíritu, aquellas pasiones que había aparcado en el último rincón de su ser para hacer espacio a las necesidades y deseos de otros.

La escritura se convirtió en su refugio, el papel en confidente. Cada palabra escrita era un ladrillo más en la reconstrucción de su castillo interior, cada frase una afirmación de su existencia. El yoga, por otro lado, le enseñó a escuchar su cuerpo, a habitarlo plenamente y a encontrar en cada asana una metáfora de resistencia y flexibilidad ante los avatares de la vida.

Con el tiempo, Sofía aprendió a disfrutar de su propia compañía, a valorar los momentos de soledad como oportunidades para el autoconocimiento y la introspección. Los domingos de lectura bajo el sol, las tardes de escritura creativa y las mañanas de meditación se convirtieron en rituales sagrados, en citas ineludibles consigo misma.

A medida que su confianza crecía, también lo hacía la luz que irradiaba. Era una luz de autoaceptación, de paz interna, de felicidad genuina que no dependía de la validación externa. Sofía estaba floreciendo, transformándose en la versión más auténtica y plena de sí misma, y el universo no tardó en tomar nota.

Fue durante una exposición de arte, evento al que asistió sola, celebrando su independencia y su amor por el arte, donde el destino tejió sus hilos invisibles, reconectándola con Lucas, un antiguo conocido cuya amistad en el pasado nunca exploró profundamente. Lucas, al igual que Sofía, había recorrido su propio camino de crecimiento personal, y el reencuentro reveló una conexión que iba más allá de la casualidad.

Lucas se sintió inmediatamente atraído por la autenticidad y la luz interior de Sofía, por esa aura de completa autoaceptación que la envolvía. Veía en ella no solo la belleza de su espíritu, sino también la fuerza de su carácter, la profundidad de su mente y la calidez de su corazón.

Lo que comenzó como una serie de encuentros casuales, rápidamente evolucionó en una profunda y significativa conexión. Descubrieron que compartían no solo intereses y pasiones, sino también valores y sueños. Las conversaciones fluían con naturalidad, llenas de risas, reflexiones y, ocasionalmente, silencios cómodos que hablaban tanto como las palabras.

Juntos, exploraron museos, asistieron a conciertos, practicaron yoga al amanecer y escribieron historias que entrelazaban sus experiencias y fantasías. Con Lucas, Sofía se sintió vista, escuchada y, sobre todo, valorada por quien realmente era. Lucas, por su parte, encontró en Sofía un espejo de su propio proceso de búsqueda y transformación, una compañera de viaje en el camino hacia la autenticidad.

El amor que floreció entre ellos era distinto a todo lo que habían experimentado antes. Era un amor maduro, construido sobre el fundamento sólido del autoconocimiento y el respeto mutuo, un amor que celebraba su individualidad tanto como su unión. Sofía y Lucas demostraron que el amor más verdadero y duradero no surge de la necesidad o la carencia, sino del encuentro de dos seres completos en su propia piel.

La historia de Sofía es un recordatorio poderoso de que el camino hacia el amor verdadero comienza con el amor propio. Nos enseña que al nutrir nuestra alma, abrazar nuestra autenticidad y cultivar nuestra felicidad interna, nos preparamos no solo para recibir el amor en su forma más pura, sino también para ofrecerlo desde un lugar de plenitud y no de vacío.

En Lucas, Sofía encontró no solo a un amante, sino a un alma gemela, un reflejo de su propio viaje hacia la luz. Juntos, construyeron una relación que era tanto un refugio como un faro, un testimonio del poder transformador del amor propio y de la magia que ocurre cuando dos corazones se encuentran en su punto más alto de autoaceptación y felicidad.

La vida de Sofía, marcada por la exploración interna y la búsqueda de autenticidad, se convirtió en una obra de arte viviente, una oda al amor en todas sus formas. Y en Lucas, encontró el compañero perfecto para pintar los colores del mañana, un futuro tejido con hilos de comprensión mutua, aventuras compartidas y, por supuesto, un amor que trascendía el tiempo y el espacio. Juntos, demostraron que el amor verdadero no es un destino, sino un viaje compartido, una danza de dos almas que, en su unión, encuentran su mayor expresión de libertad y felicidad.

HISTORIA DE LAURA: REDESCUBRIENDO EL AMOR

Laura se había acostumbrado a la soledad, una compañera silenciosa que se había instalado en su vida tras la pérdida de su esposo. Viuda y madre de dos hijos, había canalizado toda su energía y amor en su familia y su carrera, convencida de que el amor, en su forma más romántica, era un capítulo de su vida ya cerrado. Los días se sucedían entre responsabilidades laborales y actividades escolares, dejando poco espacio para cualquier asomo de romance en su agenda ya de por sí saturada.

Sin embargo, como suele suceder, la vida tenía reservada para Laura una sorpresa que cambiaría su perspectiva. Durante una reunión escolar, un encuentro casual la puso frente a Gabriel, padre soltero de uno de los compañeros de clase de su hijo menor. Gabriel, con su actitud calmada y una sonrisa amable, despertó en Laura una curiosidad que hacía años no sentía. Lo que comenzó como intercambios corteses sobre las tareas escolares y los desafíos de la crianza de los hijos, poco a poco se transformó en conversaciones más profundas y significativas.

Gabriel, al igual que Laura, había enfrentado su cuota de adversidades, criando a su hija solo después de una separación difícil. Encontraron consuelo en su mutua compañía, compartiendo experiencias, risas y, ocasionalmente, las preocupaciones que solo otros padres solteros podrían entender. Cada encuentro casual y cada conversación parecían tejer un lazo invisible entre ellos, un lazo que, con el tiempo, se convirtió en una conexión profunda.

Laura comenzó a darse cuenta de que su corazón, que creía permanentemente cerrado al amor, aún tenía espacios por llenar. Gabriel, con su presencia constante y su apoyo incondicional, empezó a ocupar esos espacios de una manera que Laura no había anticipado. Descubrió en él no solo un amor romántico emergente, sino un compañero genuino con quien compartir las alegrías y los desafíos de la vida.

La relación entre Laura y Gabriel creció orgánicamente, arraigada en una base de respeto mutuo, comprensión y una profunda amistad. Los niños, tanto los de Laura como la hija de Gabriel, se beneficiaron de esta unión, encontrando en ella una nueva forma de familia. Las salidas al parque, las tardes de juegos y las cenas compartidas se convirtieron en la nueva norma para ellos, creando recuerdos felices que ayudaron a solidificar los lazos entre todos.

Laura aprendió, gracias a Gabriel, que el amor no tiene un único camino ni un solo capítulo. A veces, el amor surge en los momentos más inesperados, mostrándonos que siempre hay espacio en nuestros corazones para comenzar de nuevo. Gabriel le enseñó que el amor verdadero no se trata solo de la pasión de los primeros días, sino de la compañía constante, el apoyo mutuo y la capacidad de ver la belleza en la vida cotidiana.

Juntos, Laura y Gabriel enfrentaron los desafíos que la vida les presentaba, desde los problemas escolares de los niños hasta las presiones laborales, siempre encontrando en el otro un puerto seguro. La fuerza de su relación residía en su capacidad para comunicarse abierta y honestamente, para apoyarse mutuamente en los momentos difíciles y celebrar juntos los éxitos.

A medida que su relación se profundizaba, ambos se dieron cuenta de que lo que tenían era algo especial, algo que merecía ser cuidado y nutrido. La decisión de unir sus vidas no fue tomada a la ligera, pero sí con la certeza de que juntos formaban un equipo invencible, una familia unida no solo por la sangre, sino por la elección consciente de amarse y apoyarse mutuamente.

La historia de Laura es un testimonio del poder del amor para transformar y sanar. Nos recuerda que, incluso cuando pensamos que el amor ha dejado de ser una posibilidad para nosotros, siempre hay espacio para nuevas historias, nuevos comienzos. Laura y Gabriel, con su amor nacido de la amistad y fortalecido por las experiencias compartidas, demostraron que el verdadero amor no se trata de encontrar a la persona perfecta, sino de ver lo perfecto en la persona que elegimos amar.

A través de su viaje, Laura redescubrió no solo su capacidad para amar y ser amada, sino también la importancia de mantener el corazón abierto a las posibilidades que la vida ofrece.

Estas historias de Valentina, Elena, Sofía y Laura nos recuerdan que el amor verdadero a menudo llega después de superar desafíos personales y decepciones. Nos enseñan que el amor propio no solo es fundamental para nuestra felicidad, sino que también es el imán que atrae relaciones saludables y enriquecedoras. Cada una de estas mujeres demuestra que, sin importar las heridas del pasado, siempre hay esperanza para el futuro y posibilidades infinitas para el amor.

Las odiseas personales de Valentina, Elena, Sofía y Laura no son solo narrativas de resiliencia y redescubrimiento; son potentes recordatorios de que el amor verdadero, ese que nos completa y eleva, a menudo llega tras períodos de profunda introspección y superación de adversidades. Cada una de estas mujeres, a través de sus viajes únicos, nos enseña lecciones invaluables sobre la importancia del amor propio y la autoaceptación como fundamentos para construir relaciones auténticas y duraderas.

Valentina, quien se redescubrió a través de su pasión olvidada por la fotografía, nos muestra que al reencontrarnos con nosotros mismos y perseguir lo que genuinamente nos apasiona, podemos atraer a personas que resuenan con nuestra verdadera esencia. Su historia es un testimonio del poder de vivir auténticamente y cómo esto puede abrirnos las puertas a encuentros significativos y conexiones profundas.

Elena, por otro lado, nos inspira con su valentía para emprender un viaje de auto-descubrimiento, explorando nuevos horizontes y abriéndose a experiencias que nunca antes se había permitido. Su historia subraya que, al ampliar nuestros propios límites y salir de nuestra zona de confort, no solo nos enriquecemos personalmente, sino que también nos hacemos más receptivos al amor en todas sus formas. Encontrar a alguien que comparte y apoya nuestras aventuras y sueños, como lo hizo Alex con Elena, es un recordatorio de que el amor puede florecer en los lugares más inesperados, siempre que estemos abiertos a recibirlo.

Sofía, con su dedicación al cultivo del amor propio y la autoaceptación, ilustra la transformación que ocurre cuando nos centramos en nutrir nuestro interior. Al aprender a disfrutar de su propia compañía y valorarse plenamente, Sofía se convierte en un imán para relaciones sanas y equitativas. Su encuentro con Lucas, una relación basada en la autenticidad y el respeto mutuo, nos enseña que el amor más verdadero y duradero surge cuando dos personas se encuentran en un punto de completa autoaceptación.

Laura, finalmente, nos recuerda que nunca es tarde para abrir nuestro corazón al amor nuevamente, incluso cuando creemos que ese capítulo de nuestras vidas ha concluido. Su historia es una poderosa afirmación de que el amor puede encontrar un camino de regreso a nuestros corazones, transformando el dolor del pasado en una nueva esperanza para el futuro. La conexión que desarrolla con Gabriel es un testimonio de que, al compartir las alegrías y desafíos de la vida, podemos encontrar un compañero que nos comprenda y nos ame por quienes somos.

Juntas, las historias de Valentina, Elena, Sofía y Laura nos enseñan que, mientras el camino hacia el amor verdadero puede estar lleno de obstáculos y desvíos, el viaje en sí es una oportunidad para crecer, sanar y redescubrirnos. Nos recuerdan que el amor propio es el imán más poderoso para atraer relaciones enriquecedoras y que, sin importar las heridas del pasado, siempre hay esperanza y posibilidades infinitas para el amor. Cada una de estas mujeres demuestra que, al permanecer fieles a nosotros mismos y abiertos al cambio, podemos encontrar no solo el amor que buscamos, sino también una mayor plenitud y felicidad en nuestras vidas.

Capítulo 6: El Camino Hacia el Amor Propio y la Felicidad.

SENDEROS DE LUZ INTERIOR.

En el viaje hacia el alma, donde el amor propio reside,

un sendero se despliega, con la felicidad que guía y decide.

Es el camino hacia adentro, un viaje de descubrimiento,

donde cada paso es un canto, y cada suspiro, un renacimiento.

El amor propio no es un destino, sino un viaje constante,

un proceso de aceptación, donde ser uno mismo es importante.

Es aprender a mirarse con ojos de comprensión y ternura,

descubriendo en nuestro interior, una inagotable fuente de hermosura.

Este camino se nutre de errores, de caídas y de vuelos,

de reconocer en cada fracaso, los más valiosos desvelos.

Porque en el arte de equivocarse, y en la valentía de intentar,

hallamos la esencia del crecimiento, y la fuerza para amar.

La felicidad, esa búsqueda eterna, en el amor propio encuentra su cuna, no es un premio ni un regalo, sino una luz que no se apaga ni se acuna.

Es el reflejo de la paz interior, del equilibrio y la armonía,

de saber que en nuestra propia compañía, yace la mayor compañía.

"Senderos de Luz Interior", donde cada paso es un aprendizaje,

donde la soledad se transforma, en el más bello paisaje.

Porque al final del día, lo que verdaderamente importa,

es cuánto nos hemos amado, y cómo esa luz nos conforta.

En este capítulo de vida, donde el amor propio es el guía,

cada desafío, cada lágrima, se convierte en poesía.

Es un recordatorio constante, de que merecemos todo lo bueno,

y que el amor más grande y verdadero, comienza y termina en uno mismo.

Así, en el camino hacia el amor propio y la felicidad,

descubrimos que el mayor tesoro, es nuestra propia claridad.

Amarse a uno mismo, es el principio de una vida repleta,

donde cada paso en este sendero, nuestra luz interior refleja.

El amor propio y la felicidad son el camino que nos lleva hacia el interior, exigiendo una honestidad brutal, una vulnerabilidad asombrosa y una resiliencia inquebrantable. A través de las historias de Valentina, Elena, Sofía y Laura, hemos visto cómo este viaje puede transformarnos, preparándonos para el amor verdadero y permitiéndonos vivir una vida plena y rica en experiencias. Este capítulo final es una guía para aquellos listos para embarcarse o continuar en su propio camino hacia el amor propio y la felicidad.

RECONOCER TU VALOR

El primer paso en el camino hacia el amor propio es reconocer tu valor intrínseco. Eres digno de amor, felicidad y respeto, simplemente por ser quien eres. Este reconocimiento es fundamental; sin él, buscar la validación y el amor en fuentes externas es una batalla perdida. Cada día, recuérdese a sí mismo tu valor, incluso cuando (y especialmente cuando) te sientas menos convencido de él.

PRACTICAR LA AUTOCOMPASIÓN

La autocompasión es el acto de tratarte a ti mismo con la misma bondad, preocupación y apoyo que ofrecerías a un buen amigo. Significa perdonarte por tus errores, entender que el fracaso es parte del crecimiento y permitirte sentir tus emociones sin juicio. Practica la autocompasión diariamente, reconociendo tus luchas y celebrando tus logros.

ESTABLECER Y MANTENER LÍMITES

Los límites saludables son expresiones de tu amor propio. Te protegen, definen lo que estás dispuesto a aceptar de los demás y cómo deseas ser tratado. Aprender a decir "no" es una poderosa afirmación de tu respeto propio. Establece límites claros en tus relaciones, y respétalos.

CUIDAR TU CUERPO Y TU MENTE

El amor propio también implica cuidar tu bienestar físico y mental. Nutre tu cuerpo con alimentos saludables, ejercicio regular y descanso adecuado. Alimenta tu mente con pensamientos positivos, educación continua y experiencias enriquecedoras. Trata tu cuerpo y tu mente como los tesoros que son.

RODEARTE DE POSITIVIDAD

Estás influenciado por tu entorno más de lo que crees. Rodearte de personas positivas, inspiradoras y que te apoyen puede elevar significativamente tu amor propio. Aléjate de relaciones tóxicas y busca comunidades que reflejen los valores que deseas cultivar en tu vida.

PERSEGUIR TUS PASIONES

Encuentra y persigue tus pasiones. Hacer lo que amas te llena de energía, propósito y alegría. Ya sea arte, ciencia, deporte o cualquier otra actividad, dedicar tiempo a tus pasiones es una forma de honrar a tu ser y alimentar tu espíritu.

ACEPTAR EL CAMBIO

El cambio es una constante en la vida. Aceptar esto, en lugar de resistirse, facilita el crecimiento personal y la adaptabilidad. Ve el cambio como una oportunidad para aprender y expandirte, no como una amenaza para tu seguridad.

ENCONTRAR LA FELICIDAD EN EL PRESENTE

La felicidad verdadera se encuentra en el momento presente. Practica la gratitud por lo que tienes ahora, en lugar de posponer tu felicidad para "cuando" alcances cierto objetivo. La alegría está en el viaje, no solo en el destino.

CONTINUAR CRECIENDO

El amor propio y la felicidad son procesos continuos, no destinos finales. Dedícate al aprendizaje continuo, a la auto-mejora y al crecimiento espiritual. Cada día ofrece una nueva oportunidad para expandir tu comprensión de ti mismo y del mundo que te rodea.

El camino hacia el amor propio y la felicidad es tanto personal como universal. Las historias compartidas en este libro son testamentos de la fuerza, la valentía y la belleza del espíritu humano. Que sirvan de inspiración para tu propio viaje, recordándote que, sin importar los obstáculos que encuentres, tienes dentro de ti todo lo necesario para amarte a ti mismo profundamente y vivir una vida llena de felicidad y amor verdadero. Este viaje es el regalo más precioso que puedes ofrecerte a ti mismo y al mundo. Empieza hoy, y que cada paso te acerque más a la persona que estás destinado a ser.

cómo el amor propio es el primer paso hacia una relación saludable y satisfactoria:

El amor propio es el cimiento sobre el cual se construyen relaciones saludables y satisfactorias. Este principio, lejos de ser meramente una frase motivacional, es una verdad fundamental en el ámbito del bienestar emocional y relacional. Al cultivar un profundo amor y respeto por uno mismo, establecemos las bases para interactuar con los demás de manera más auténtica, equitativa y compasiva. A continuación, exploramos cómo el amor propio actúa como el primer paso indispensable hacia una relación saludable y satisfactoria.

ESTABLECE ESTÁNDARES SALUDABLES

El amor propio nos enseña a reconocer nuestro valor intrínseco, lo que a su vez nos permite establecer y mantener estándares saludables en nuestras relaciones. Cuando valoramos nuestro bienestar, somos menos propensos a tolerar comportamientos tóxicos o abusivos. En lugar de buscar la validación externa a expensas de nuestra integridad, elegimos parejas que respetan nuestros límites, apoyan nuestras metas y nos tratan con el amor y el respeto que merecemos.

FOMENTA LA INDEPENDENCIA EMOCIONAL

Depender de alguien más para nuestra felicidad o sentido de valía es una receta segura para la insatisfacción y la codependencia. El amor propio nos capacita para encontrar la felicidad y la validación dentro de nosotros mismos, liberándonos de la necesidad de buscarla constantemente en nuestras parejas. Esta independencia emocional es crucial para relaciones saludables, ya que cada persona puede entrar en la relación como un individuo completo, no buscando que el otro "llene" un vacío emocional.

MEJORA LA COMUNICACIÓN

El amor propio influye directamente en nuestra capacidad de comunicarnos de manera efectiva. Al entender y valorar nuestras propias necesidades y emociones, estamos mejor equipados para expresarlas claramente a nuestras parejas. Además, el respeto por nosotros mismos refuerza la importancia de escuchar y respetar las perspectivas y necesidades del otro, facilitando un intercambio comunicativo más abierto y respetuoso.

PROMUEVE RELACIONES EQUITATIVAS

Una relación saludable se basa en el equilibrio y la equidad, donde ambas partes contribuyen y reciben por igual. El amor propio nos ayuda a reconocer la importancia de este equilibrio y a esforzarnos por mantenerlo. Al valorarnos, nos aseguramos de que nuestras relaciones sean recíprocas, buscando un intercambio justo de apoyo, amor y respeto.

AUMENTA LA RESILIENCIA RELACIONAL

Las relaciones, incluso las más saludables, enfrentan desafíos y conflictos. El amor propio nos dota de una mayor resiliencia emocional, permitiéndonos manejar las dificultades de manera más constructiva. En lugar de desmoronarnos ante el primer signo de conflicto, podemos abordar los problemas con una perspectiva más equilibrada, trabajando juntos hacia soluciones que fortalezcan la relación.

INCENTIVA EL CRECIMIENTO PERSONAL Y MUTUO

Finalmente, el amor propio fomenta un entorno en el que tanto nosotros como nuestras parejas podemos crecer y evolucionar. Reconociendo que somos seres en constante cambio, nos abrimos a la posibilidad de crecer juntos, apoyando mutuamente nuestros viajes personales hacia la realización y la felicidad.

El amor propio no es simplemente un acto de autoafirmación; es la base sobre la cual se construyen relaciones profundas, significativas y duraderas. Al cultivar un amor y respeto incondicional por nosotros mismos, no solo mejoramos nuestra calidad de vida, sino que también nos preparamos para participar en relaciones que son verdaderamente saludables y satisfactorias. El camino hacia el amor verdadero comienza, invariablemente, con el amor propio.

Ejercicios para fomentar la autoaceptación y el autocuidado:

Fomentar la autoaceptación y el autocuidado es esencial para desarrollar un amor propio saludable y una relación positiva con uno mismo. A continuación, se presentan algunos ejercicios prácticos diseñados para cultivar estas cualidades importantes en tu vida diaria.

1. DIARIO DE GRATITUD

↳ Cultivar un sentido de apreciación por ti mismo y tu vida.

Cómo hacerlo: Cada noche, escribe tres cosas por las que estás agradecido(a) sobre ti mismo(a) o tu día. Pueden ser cualidades personales, logros (sin importar cuán pequeños sean) o momentos de felicidad que hayas experimentado.

2. ESPEJO DE AFIRMACIONES POSITIVAS

↳ Mejorar tu diálogo interno y reforzar la autoaceptación.

Cómo hacerlo: Cada mañana, frente al espejo, dirígete a ti mismo(a) cinco afirmaciones positivas. Por ejemplo, "Soy capaz", "Merezco amor y felicidad", "Estoy orgulloso(a) de quién soy". Hazlo mirándote a los ojos para reforzar el mensaje.

3. BAÑO DE AUTOCUIDADO

↳ Promover el bienestar físico y emocional.

Cómo hacerlo: Dedica tiempo cada semana para un baño relajante. Añade sales de Epsom, aceites esenciales, y crea un ambiente sereno con velas y música suave. Utiliza este tiempo para desconectar de las preocupaciones y centrarte en el cuidado de tu cuerpo y mente.

4. MEDITACIÓN DE AUTOACEPTACIÓN

↳ Desarrollar una actitud de compasión y aceptación hacia uno mismo.

Cómo hacerlo: Dedica 10-15 minutos al día para meditar. Concéntrate en tu respiración y, con cada exhalación, imagina que liberas críticas y juicios hacia ti mismo(a). Con cada inhalación, imagina que te llenas de luz y amor propio.

5. CARTA A TU YO PASADO

↳ Procesar y aceptar tu historia personal, reconociendo tu crecimiento.

Cómo hacerlo: Escribe una carta a tu yo del pasado durante un momento difícil. Ofrece comprensión, perdón y palabras de ánimo. Reconoce la fortaleza y la resiliencia que te han traído hasta donde estás hoy.

6. DESAFÍO DE AUTOCUIDADO DE 30 DÍAS

↳ Hacer del autocuidado una práctica habitual.

Cómo hacerlo: Crea un desafío de 30 días donde cada día realices una actividad diferente de autocuidado. Esto puede incluir leer, hacer ejercicio, cocinar una comida saludable, practicar un hobby, o simplemente tomar un descanso cuando lo necesites.

7. COLLAGE DE VISIÓN DE AMOR PROPIO

↳ Visualizar tus metas de amor propio y autoaceptación.

Cómo hacerlo: Crea un collage que represente tus objetivos de amor propio y las cosas que te hacen sentir feliz y realizado(a). Usa revistas, fotos, citas inspiradoras y cualquier otro material que resuene contigo. Coloca tu collage en un lugar donde puedas verlo diariamente.

8. PRÁCTICA DE ATENCIÓN PLENA (MINDFULNESS) ALIMENTARIA

↳ Conectar con tu cuerpo y sus necesidades.

Cómo hacerlo: Durante una comida cada día, practica comer con atención plena. Apaga todos los dispositivos electrónicos, come lentamente, saborea cada bocado y escucha a tu cuerpo cuando te dice que está satisfecho.

Estos ejercicios, practicados regularmente, pueden ser increíblemente efectivos para fortalecer tu relación contigo mismo(a), promoviendo un sentido más profundo de autoaceptación y compromiso con el autocuidado. Recuerda, el camino hacia el amor propio es un viaje continuo, lleno de aprendizaje y crecimiento.

Conclusión:

La travesía hacia el amor propio y la construcción de relaciones saludables y satisfactorias es un viaje profundo y transformador que nos desafía a mirar hacia nuestro interior, a confrontar nuestras sombras y a celebrar nuestra luz. A través de las historias de Valentina, Elena, Sofía, y Laura, hemos explorado diversas facetas de este viaje: desde el redescubrimiento de pasiones olvidadas y la importancia de la autoaceptación, hasta la construcción de límites saludables y la apertura a nuevas oportunidades de amor y conexión.

Estas narrativas nos recuerdan que, aunque el camino hacia el amor propio puede estar lleno de desafíos, incertidumbre y momentos de duda, también está repleto de crecimiento, descubrimientos y, sobre todo, una profunda transformación personal. Cada paso dado en este camino no solo nos prepara para relaciones más auténticas y enriquecedoras con los demás, sino que también nos lleva a una vida más plena y satisfactoria, arraigada en el respeto y amor hacia nosotros mismos.

La conclusión a la que llegamos no es un final, sino un recordatorio constante de que el amor propio es una práctica diaria, una elección que hacemos en cada momento de nuestras vidas. Es el reconocimiento de que somos merecedores de amor y felicidad, independientemente de nuestras circunstancias externas. El amor propio nos empodera para establecer y mantener relaciones que reflejan nuestro valor, y nos enseña que la verdadera felicidad comienza dentro de nosotros mismos.

Así, mientras cerramos este capítulo, la invitación es a continuar explorando, nutriendo y celebrando el amor propio en todas sus formas. Que las historias de estas mujeres sirvan de inspiración para tu propio viaje, recordándote siempre que eres digno de un amor grande, profundo y verdadero. El camino hacia el amor propio y la felicidad es infinito, y cada paso que das no solo te acerca a tu esencia más verdadera, sino que también ilumina el mundo a tu alrededor con tu luz única.

Que este viaje te lleve a descubrir no solo el amor en los demás, sino, lo que es más importante, el amor en ti mismo. Porque al final del día, el amor propio no es solo el primer paso hacia una relación saludable y satisfactoria, sino la base sobre la cual se construye una vida verdaderamente feliz y realizada.

Querida amiga,

En medio de las tormentas y los desafíos de la vida, quiero recordarte que eres una fuerza de la naturaleza, una mujer valiente y resiliente capaz de superar cualquier obstáculo que se interponga en tu camino. A pesar de las heridas del pasado y las lágrimas derramadas, tu espíritu sigue brillando con una luz inquebrantable, lista para enfrentar cada nuevo amanecer con coraje y determinación.

El amor puede haber traído consigo decepciones y desilusiones, pero también ha sido el catalizador de tu crecimiento y transformación. Cada lágrima derramada, cada corazón roto, ha sido una lección invaluable que te ha llevado un paso más cerca de ti misma, de tu verdadera esencia y tu poder interior.

No importa cuántas veces hayas caído, siempre te has levantado con gracia y fuerza renovada. Eres la personificación de la resiliencia, una flor que florece incluso en los terrenos más áridos, recordándonos a todos que la adversidad no puede robar nuestra belleza interior ni nuestra capacidad de amar.

Permíteme recordarte que el amor verdadero está al alcance de tu mano, esperando pacientemente en el horizonte de tu corazón. No importa cuántas veces hayas sido herida o desilusionada, siempre hay espacio para la esperanza, para la creencia en un mañana lleno de posibilidades y promesas de amor.

Confía en que el universo tiene un plan para ti, uno lleno de amor, alegría y realización. Mantén la fe en ti misma y en tus sueños, y nunca te rindas en tu búsqueda del amor y la felicidad. Porque tú mereces todo lo bueno que la vida tiene para ofrecer, y el amor que tanto anhelas está destinado a encontrarte en el momento perfecto.

Así que sigue adelante, con la cabeza en alto y el corazón abierto, sabiendo que eres suficiente tal como eres y que mereces un amor que te eleve, te inspire y te haga sentir completa. Porque en última instancia, el amor verdadero comienza contigo misma, con tu amor propio y tu capacidad de amar sin reservas.

Eres una guerrera, una soñadora, una buscadora de amor y felicidad. Nunca olvides tu valía, tu fuerza y tu belleza interior. Y recuerda siempre: en el jardín de la vida, el amor es la flor más hermosa de todas, y tú mereces que florezca en todo su esplendor.

VOCES DE RENACER.

Al cerrar estas páginas, hermanas mías, no decimos adiós,

sino abrimos un capítulo nuevo bajo el mismo sol.

Un viaje que juntas emprendimos, en busca de la verdad,

donde cada lágrima y sonrisa nos enseñó a amar y luchar.

Desde las sombras del adiós, hasta el abrazo del renacer,

encontramos en nuestras historias, la fuerza para ser.

Aprendimos a soltar, a perdonar, a dejar ir,

descubriendo en nuestro interior, un infinito jardín por descubrir.

Los errores, nuestras maestras, en lecciones se convirtieron,

y en el espejo del dolor, nuestras almas se fortalecieron.

Abriéndonos a nuevas oportunidades, con esperanza y fe,

reconociendo que en el amor propio, nuestra luz volverá a crecer.

Este no es el final, sino un inicio radiante,

un llamado a cada mujer, a ser valiente, a ser amante

de su propia vida, de su esencia, de su ser,

a construir un futuro donde seamos libres de temer.

Que este libro sea un faro, en tus noches más oscuras,

un recordatorio de que juntas, podemos cruzar cualquier muralla.

Que el amor propio sea tu guía, tu fuerza y tu bandera,

y que en tu corazón resida siempre, la paz verdadera.

Así, con cada paso que das hacia adelante,

recuerda, eres un universo, vasto, resonante.

Tu historia no termina aquí, apenas comienza a florecer,

y en cada desafío que enfrentes, sabrás que puedes vencer.

Hermanas mías, al cerrar este libro, mantengan alta la mirada,

porque cada una de ustedes es una guerrera, por la vida abrazada.

Sigan caminando con coraje, con amor y con pasión,

recordando que en el amor propio, hallamos nuestra revolución.

Así nos despedimos, no como quien pierde una amistad,

sino como quien encuentra en su propia luz, la más grande libertad.

Gracias por compartir este viaje, por cada paso, cada lección,

juntas hemos descubierto que, en nuestro amor propio, está nuestra salvación.

Made in the USA
Columbia, SC
13 August 2024

40418586R00078